創寰宇學府
育天下英才

严济慈像

◁ 1958年，严济慈(右二)、钱学森(右三)等参加教学工作会议

◁ 1960年，严济慈给青年物理教师示范教学

△1961年5月,郁文(前排左一)、郭沫若(前排左二)、华罗庚(前排左三)、严济慈(前排左四)等在操场观看学生演出

△1961年5月,严济慈在操场与学生共舞

△1962年，严济慈在给学生们讲授"普通物理"课

▷1963年7月，严济慈主持中国科大首届毕业典礼

△1964年9月11日,严济慈(前排左四)与近代物理系1962级2班学生合影

△1966年5月1日,严济慈(二排右四)与游园学生合影

△1977年8月,在第一次中国科大工作会议期间,郭沫若与严济慈亲切握手

△1978年4月,严济慈(前排右五)、吴文俊、马大猷、钱临照、杨海波和少年班学生在一起

△1978年4月,严济慈(前排左四)、吴文俊、马大猷、钱临照、杨海波等在学校合影

△1980年，方毅（左二）、杨海波（左三）、严济慈（左四）等与少年班学生座谈

△1983年9月,严济慈在中国科大建校25周年座谈会上发言

▽1983年9月,严济慈在中国科大校园

△1984年,严济慈主持讨论中国科大西校区规划

▽1984年,严济慈与中国科大学生座谈

△1984年11月,严济慈(前排左六)参加国家同步辐射实验室奠基典礼

△1984年11月,严济慈为中国科大第四届郭沫若奖学金获得者颁奖

▽1986年9月,严济慈为中国科大西校区奠基培第一锹土

△1986年9月22日,严济慈向第三世界科学院院长、诺贝尔奖获得者萨拉姆颁发中国科大名誉博士学位证书

△1986年9月,严济慈在军训会操场看望新生

△1988年9月,严济慈在中国科大建校30周年庆祝大会上讲话

△1988年9月,严济慈(右二)与郁文(左二)参加中国科大校友总会成立大会

△1988年9月,中国科大校友总会成立,严济慈(右三)担任第一会长

▽1988年,严济慈(前排左二)与中国科大教师座谈

△1991年,中国科大毕业生代表为严济慈(前排右二)祝寿

▽1991年12月,严济慈冒雪来到中国科大

△1991年12月,严济慈(左四)为国家同步辐射实验室工程竣工验收剪彩

▽1993年9月19日,严济慈与中国科大学生合影

△1993年9月20日,严济慈在中国科大建校35周年庆祝大会上讲话

▽1993年9月,严济慈(前排左四)为中国科大建校35周年活动剪彩

△1993年9月,严济慈观看中国科大科研成果展览

▽1993年,严济慈为中国科大签署文件

△1998年9月,严济慈铜像揭幕仪式在中国科大西校区举行

◁严济慈铜像

档案里的中国科大先生

严济慈

科学之光

主　编　邓建松

执行主编　方黑虎

中国科学技术大学出版社

内 容 简 介

严济慈是中国科学技术大学第二任校长,为中国科大的创建和发展倾尽全力,其无私奉献的精神贯穿科学研究和办学育人全过程。本书以中国科大档案文博院馆藏严济慈档案为主体,精选严济慈与中国科大有关的档案资料进行汇编,分为任职文件、崇论宏议、致辞讲话、片言灼见、贺电贺信、题词手迹、回忆纪念、大事记八个部分。严济慈的科学教育思想与实践为中国科大蓬勃发展奠定了坚实基础,他带领中国科大在教育改革上的一系列创新举措也大大推动了我国高等教育事业的发展。本书中的档案资料直接、客观记录了严济慈为学校发展所作出的重要贡献,重现了中国科大早期的历史发展过程,希望能引发一些对我国科教事业发展的思考,并对科学家精神和教育家精神的传承起到一点作用。

图书在版编目(CIP)数据

严济慈:科学之光/邓建松主编.－－合肥:中国科学技术大学出版社,2025.4.－－(档案里的中国科大先生).－－ISBN 978-7-312-06266-7

Ⅰ.K826.11

中国国家版本馆CIP数据核字第202541Q9B2号

严济慈:科学之光

YAN JICI: KEXUE ZHI GUANG

出版	中国科学技术大学出版社
	安徽省合肥市金寨路96号,230026
	http://press.ustc.edu.cn
	https://zgkxjsdxcbs.tmall.com
印刷	安徽国文彩印有限公司
发行	中国科学技术大学出版社
开本	787 mm×1092 mm 1/16
插页	12
印张	11.75
字数	205千
版次	2025年4月第1版
印次	2025年4月第1次印刷
定价	68.00元

编 委 会

主　　编　邓建松

执行主编　方黑虎

副 主 编　兰　荣　张芳圆

编　　委（按姓氏笔画排序）

　　　　　万　绚　马小艳　汪　喆

　　　　　赵　萍　胡青青　祝云飞

序

　　严济慈先生是中国科学技术大学（以下简称中国科大）的主要创建者之一，先后担任学校筹备委员会委员、教授、副校长、研究生院院长、第二任校长（1980—1984年）、名誉校长等职，为学校的创建和发展作出了杰出贡献。

　　1958年，严济慈积极参与筹建中国科大，是校筹备委员会的9名成员之一。他长期主持校务工作，负责领导学校教学、科研工作等事宜。他虽六旬高龄仍亲登讲台，给学生讲授"基础物理"课程，并为青年教师示范教学，传授教学经验和技巧。他重视基础课教学，强调做研究工作的人要教一点基础课。他倡导教学与科研并重，主张不仅要出成果，也要出人才，鼓励为我国的现代化建设培养更多的高质量科技人才。

　　1970年，中国科大南迁合肥。严济慈高瞻远瞩，带领学校进行第二次创业。中国科大在全国教育战线勇立潮头、锐意创新，创造了中国高等教育改革的多项第一：首创少年班；创办中国第一个研究生院，建立本科—硕士—博士贯通的完整教育体系；建设高校中首个大科学装置——同步辐射加速器；等等。1983年，邓小平称赞中国科大"办得较好，年轻人才较多"，中国科大由此成为"七五"期间国家重点建设高校。

　　严济慈先生在中国科大育人治校期间留下了大量的珍贵档案资料，记录下时代的步履，见证了大学的成长，也闪烁着思想的光芒。中国科大档案文博院择其菁华，汇编成册，以其原始面貌呈现给读者，直观展示严济慈的教育思想与实践，并以此缅怀他为中国科大和中国高等教育事业作出的杰出贡献。

"创寰宇学府，育天下英才"，是严济慈先生为中国科大30周年校庆的题词。这不仅是老校长的期望与勉励，现在也成为中国科大创建世界一流大学的目标和使命。大道如砥，行者无疆。中国科大人将牢记严济慈校长的嘱托，传承和发扬他的教育思想，踔厉奋发，勇毅前行，为将中国科大这颗"掌上明珠"建设成为中国特色、科大风格的世界一流大学而努力奋斗。

包信和

中国科学技术大学校长

中国科学院院士

2024年9月

目录

- 序 i
- 任职文件 001
  - 严济慈在中国科大任职的文件 003
- 崇论宏议 009
  - 谈怎样做学问 011
  - 治学与素质修养 015
  - 为办好研究生院而竭尽全力 022
  - 理想·信念·决心 024
  - 聂总与中国科技大学 026
  - 谈谈读书、教学和做科学研究 031
  - 实现新转变 迎接新时代
    ——《中国科学院研究生院学报》代创刊词 037
  - 《科技"神童"的摇篮——中国科技大学少年班
    与少年大学生》序 039
- 致辞讲话 041
  - 严济慈副校长在1978年全校大会上的讲话 043
  - 严济慈校长在1980年部分教师、干部会上的讲话 045

严济慈校长在1980年拔尖学生座谈会上的讲话 …………………… 051

严济慈校长在庆祝建校25周年座谈会上的讲话 …………………… 057

严济慈在1984年北京正负电子对撞机和合肥同步辐射加速器工程
  扩大初步设计审定会开幕式上的讲话 …………………………… 059

祝贺与期望
  ——在中国社会科学院研究生院建院5周年纪念会上的讲话 ……… 062

认识·预见·行动
  ——在现代自然科学和社会科学学术讨论会上的讲话 …………… 065

严济慈在中国科学技术大学研究生院庆祝第一届教师节大会上的
  讲话 ……………………………………………………………………… 067

严济慈名誉校长在建校28周年庆祝大会暨1986级新生开学典礼上的
  讲话 ……………………………………………………………………… 069

严济慈在中国科大北京校友会成立大会上的讲话 ………………… 071

严济慈在1988年中国科大校友总会成立大会上的讲话 ………… 073

严济慈名誉校长在建校30周年庆祝大会上的讲话 ……………… 074

严济慈在1991年合肥国家同步辐射实验室验收仪式上的讲话 …… 078

严济慈名誉校长在建校35周年庆祝大会上的讲话 ……………… 080

片言灼见 …………………………………………………………… 083

贺电贺信 …………………………………………………………… 091

题词手迹 …………………………………………………………… 097

回忆纪念 …………………………………………………………… 135

严老与科大 ………………………………………………………… 137

严济慈老师——祝您健康长寿 ·············· 140

望桃李春色　仰蜡炬高风
　　——回忆吾师严济慈先生的教育工作 ·············· 142

永恒的纪念
　　——悼念严济慈先生 ·············· 148

继承严老遗志　创建寰宇学府 ·············· 151

纪念严老
　　——写于严济慈教授逝世一周年之际 ·············· 155

在中国科学技术大学严济慈铜像揭幕仪式上的致谢辞 ·············· 158

创寰宇学府　育天下英才
　　——在纪念严济慈先生诞辰120周年座谈会暨严济慈
　　　教育思想研讨会上的致辞 ·············· 160

在严济慈先生生平档案资料捐赠仪式暨"科学之光——严济慈
　　先生纪念展"揭幕仪式上的讲话 ·············· 164

大事记 ·············· 167

后记 ·············· 178

严济慈 科学之光

任职文件

严济慈在中国科大任职的文件

中国科学院党组

(61)科发 袭 字第 47 号

中国科学技术大学党委会：

接中央宣传部四月六日通知：

经中央三月七日批准，任命郁海波为中国科学技术大学付校长，严济慈、华罗庚兼任中国科学技术大学付校长。

以上任命，侯国务院全体会议通过后即可在学校公布。

1961年4月12日，中共中国科学院党组关于严济慈兼任中国科大副校长的文件

档号：1961-WS-Y-25-1

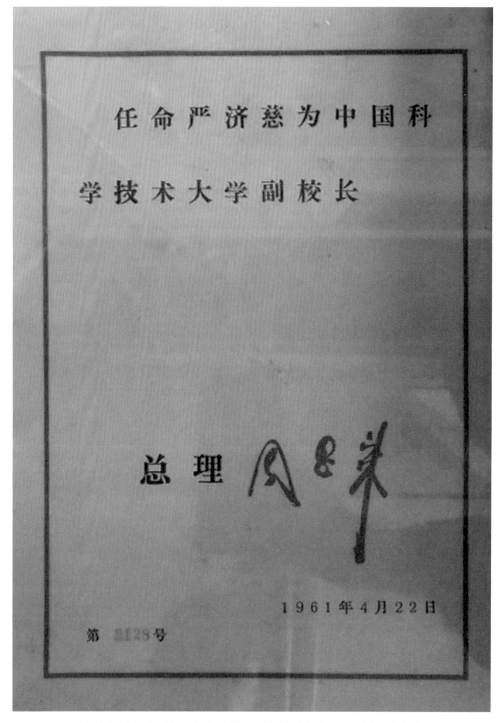

1961年4月22日，周恩来总理签署的严济慈副校长任命书

1978年3月31日,国务院关于严济慈任中国科大研究生院院长的批复

中国科学院文件

(80)科发干字0232号

关于严济慈同志兼任科大校长的
通 知

中国科学技术大学：

中组部(80)干任字74号文批复：中央同意严济慈同志兼任中国科学技术大学校长。

特此通知。

一九八〇年二月廿二日

抄送：安徽省人民政府、省科委，各分院、院属各单位、院机关各部门，国家地震局

1980年2月22日，中国科学院关于严济慈兼任中国科大校长的通知

档号：1980-WS-Y-3-1

中华人民共和国国务院任免通知

国任字[1988]195号

严济慈、谷超豪任职

中国科学技术大学：

国务院一九八八年七月七日任命严济慈为中国科学技术大学名誉校长，谷超豪为中国科学技术大学校长。

抄送：国务院办公厅（3）、中央组织部、国家教育委员会、人事部

1988年10月5日，国务院关于严济慈任中国科大名誉校长的通知

档号：1988-WS-Y-46-1

严济慈：科学之光

任命严济慈为
中国科学技术大
学名誉校长

总理 李鹏

1988年7月7日

第08384号

1988年7月7日，李鹏总理签署的严济慈名誉校长任命书

档号：2004-RW13-1-6691

严济慈 科学之光

崇论宏议

谈怎样做学问

我非常羡慕你们是毛泽东时代的青年。

假如今天我是一个大学生的话,我要怎样学习和考虑哪些方面的问题呢?要知道这几个问题的重要性,下面分别讲述。

(一)自学和在校学习的区别

在校学习是有计划、有组织、有领导的学习,组织性和纪律性强。每一个系每一年都有计划、有大纲、有目标,什么时候学习什么,我们分系分专业是有组织的,每个部门、每个步骤都是有领导的。

在校学习与自学比较起来,要快要好,因此人们都想进学校学习。入学前和毕业后都是在不断学习,学到老活到老。人有十七八年的时间在校学习,有这种学习机会是很幸运的。就全国来说,只有1%的人能进大学学习,所以说很幸运。

学校里的计划、组织和领导不是100%的理想、满意,但要根据它去学习,才能检验我们的学习。同学们可以随时提出意见来改进提高,使其周善一些。同学们要认真地尊重这个计划、组织、领导,使其长处得到发挥。

(二)在校学习达到的目标

在校学习要达到两个目标,一是自学的能力,二是对专业的热爱。人的一生中更长的时间是自学。毕业的时候,虽然学到的东西愈多愈好,但学习方法比多读几本书更为重要。

有独立的工作能力,自己会提出问题、分析问题并解决问题,这要求很高。但问题有大有小,解习题也是解决问题,对毕业生来说就是初步具备独立工作的能力,也是不差的。

会独立读书,读书是思考和工作的一部分。会读书了,不用人教了,就是会自己学了。

自己想到应该看什么书,自己会去看书,去看懂它。人会查书了,这算会读了。每本书一页页地读下去能读得懂,但时间不允许。为了需要,只要读某一部分就行了。需要什么就去查什么,这点本领具有了,就可以说毕业了。其中要紧的,是自己知道不知道、清楚不清楚,自己要分辨得了。知道哪点不懂,就能提出问题,这才有解决问题的希望。有人说:"能正确地提出问题,就等于这问题解决一半了。"

"知之为知之,不知为不知,是知也。"这是对"知"的定义,这叫你坦白、规矩、老实。这句话是毕业的标准,但不能说"我什么都不知道"就算什么都知道了。

一个人的能力,所包含的内容有:一是知识的水平;二是实践经验;三是思想方法。

知识水平是你知道的多少。但实践经验在知识水平差不多时起作用,显示能力的差别。再则是方法问题,包括思想方法、工作方法。知道这些能力的内容,朝着这个方向努力,争取学更多知识,但更重要的是实践经验和思想方法。习题、作业、实验,都是学生获得实践经验的重要途径。到社会中工作,你"能不能"是最根本的,而不是你"知不知道"的问题,知而不能等于不知。只有通过实践的检验,才能将书本的知识变为自己的东西。只有变成自己的东西掌握以后,才能去运用它。把人家的知识和经验变为自己的知识和经验,这要有一定的学习方法,这比知识更重要。通过学习方法获得的知识是无限的,而人家教给你的知识是有限的。

独立工作能力是个成长的过程,是一点一滴成长起来的,大学五六年的时间是独立工作能力成长的过程。看一个几年级的学生,一方面要看他读了多少书,但用另一个尺度——能力去衡量他更为准确。自己去体会自己的能力在一天天、一年年中增强,这比书架上多了几本书更重要。

一样东西的成长,要有一定的基础而不是凭空成长的。在这个基础上不断地掌握和熟练发展的过程孕育着新的能力的产生,包含着新的生长。

孕育着的能力的意思是一个人的能力,包括现有能力的大小和正在成长的能力,更要紧更宝贵的是存在着的一种能力,这是绝对能力。比如两个人同时毕业,当时绝对能力差不多。但他们中,一个孕育着很大的能力,另一个稍弱些，过了许多年后则两人的能力可能差得很多。注意孕育着的能力，这是很重要的。

我们对学生的教导，有一种是"抱着过河"，不可取。我们的目的是过河，而不是仅保证不被冲走和淹死，让学生体会那水的力量，这样的教师和领导是好的。

"当堂消化"，听懂了，很好。经过一些思考，反复考虑才能将知识变成自己的东西。学了东西，不要靠人家，重要的是自己弄明白，学习的过程是个艰苦的过程。

习题要不太难也不太容易。太容易，学生会觉得自己了不起，造成假象；太难了，都不会，学生就会失去信心。

自学能力是学校学习的第一个目标，就是孔夫子的那句话："知之为知之……"

对专业的热爱是第二个目标。热爱科学、热爱物理、热爱地球物理是要一步步深入的。有些人进校时雄心勃勃，但热情一年不如一年，觉得搞错了。这是他失败了，也是我们的教育失败了。反之，他一年比一年更热爱，下决心要搞一辈子，任何原因都不会让他失去信心，就是某一点失败了，他也不灰心。当他毕业以后，论及其对社会的贡献，与其说取决于知识的多少，倒不如说对专业的热爱程度。

两个学习目标要达到，必须有认真踏实的态度，养成刻苦钻研的习惯。

（三）广与深的关系

能力的问题，包括广度与深度的关系。工作中的能力包括几个因子，是相乘而不是相除，是互相帮助、促进而不是对立。物理中为了得到 10^4 卡[①]的变化，可以让 10^4 cc[②] 的水升高 1 ℃，也可以用 100 cc 的水升高 100 ℃，我们喜欢后者可以泡一杯茶。广和深也有这样的关系。广是面积，深是高度，为得到大的体积必须既深又广，如挖一丈深的沟就不能太窄，不能设想只有 10 厘米宽。因此，为了一定深度，必须有一定宽度，要深必须在一定广的基础上得到；为了宽，必须有一定深度，不然是很肤浅的东西，成为了不计厚度的面。

---

① 1 卡约等于 4.186 焦耳，编者注。

② 1 cc 等于 1 毫升，编者注。

现在的科学也是向两个方向发展，向深向广发展。各种科学部门互相渗透。在科学发展的现在，才能深到和广到过去人们所不能达到的领域，这和毛主席指出的提高和普及的辩证关系相同。

防止两个倾向。专得太早了，到一定程度就深不下去了，而好多事情必须从头来。专了，专注于某个方面，对其他毫不感兴趣。不在于看了几本书，而是从某书里掌握、学到了多少东西。四五年级的东西要去翻一翻，查一查书就知道有许多好书存在。看教科书要一丝不苟，一点一滴地掌握。而看杂志，可以懂，可以不懂。钻得深要比学得广更困难一些。读杂志，轻松地看一看，知道些名词，这可以毫不头痛。学物理的人，读点化学，将来在工作中遇到化学时，会给你个基础。

（四）学习外语

这是一门工具。数学也是工具，是科学技术的语言文字，它表达科学的内容。如 $PV=RT$，四个字母、一个等号包括了多少句话，多少文字。外语要特别好，应该成为我们科技大学的一个特点。学了两门外语，怕的是两门都巩固不下来。在科学技术上有几门外语是主要的：俄、英，主要的依据是从这种文字的文献资料中能很快找到科技某方面的东西；德、法也是重要的；中文还没有做到。

第一外语，一定要安心地学好。我们科技大学的同学是很认真刻苦的。学习时提出的问题很好，我很感动，而且不是少数，约有10%，很有水平，一些老师的反映，很令人欣慰。同学们有过急的情绪，我们当年也是如此，是着急而不是惶恐，不能迷失方向，失去信心。

我所看到的同学们是昂着头挺着胸在科学道路上前进的。在党的领导下，能很快地赶上国际先进水平。不久，会汇成一股巨大的洪流，赶上国际水平之后就立即超过去。

身体好，那创造的一切是无限的。在不妨碍身体健康的情况下尽量努力。我不阻止你们开夜车，也不提倡，但千万不能为考试开夜车。

身体好，精神好，才会有坚强的信念和信心。

档号：1959-SW11-Y-2

治学与素质修养①

治学也就是做学问,"做"者,从事也,实践也。通俗地说就是"干"。因此治学并不神秘,它和种田、开汽车一样,"做"字当头,是平凡劳动中的一种。但要做好学问,其中却大有学问,这就是工作者的素质修养。

青年同学经常问起,怎样才能学好?大学毕业后要达到什么程度呢?这些问题概括起来就是青年应具备哪些素质修养。在短暂的五年大学生活中,抓紧时间求得丰富的知识是十分重要的,但更重要的是要培养自己的科学素质:治学态度、方法、途径和工作能力。其中治学态度和独立工作能力又是根本之根本,是大学毕业时衡量收获多少之准则。

(一) 踏实和勤奋

文有文风,学有学风,"风"者,习惯也。学风有学校的学风,也有个人的学风。认真踏实和勤学好问就是科学工作者的正确学风。大学里每个同学应培养自己具有这种良好的学风。

培养自己学风,首先应对所从事的事情,大至开创学派,小至繁琐的实验都要具有踏实、认真的态度。科学是"老老实实"的学问,来不得半点投机取巧。规律是客观存在的真理,绝不能"想当然"。治学的对象既是科学,也是客观规律,更不能马虎了事。治学中最忌对知识模棱两可,不懂装懂。孔子曰:"知之为知之,不知为不知,是知也。"就是说自己知道就说知道,不知道的就要老老实实地承认不知道,不要自欺欺人。只有这样,才能永远清醒地看到哪些是自己知道的,哪些自己还不知道,这样才不至于盲目乐观或者悲观丧气,才能求得真知。不知道并不可怕,通过学习就能知道。人生在世,永远有不知道的东西,也永远要学。所以我们要"活到老,学到老"。

---

① 本文原载于中国科大校庆5周年征文集《向科学进军(学习方法专辑)》。

"学",就是"学问"的第一步。"学问"者,顾名思义是"一学二问"。"学",就是要向一切人学,从一切事务中学。向老师学,向同学学;从书本中学,在实践中学;"问",先要问自己,这是独立思考;然后再求问别人。做学问的人勤学好问,是应具有的学风。懒学好问和勤学不问都不是治学应有的态度。

在校青年可分为三类:其一是学习好者,其中有些同学认真踏实而不善好问,有些同学勤学好问但不够踏实,有些认真踏实、勤学好问二者皆备,也有对专业兴趣不浓者。其二学习一般,有基本概念清楚而作业马虎的学生,也有概念不清楚但作业认真踏实的学生。其三学习差一些,有学习不抓紧、不下苦功的同学,也有因基础差或某方面的缺陷,虽用功而学习差者。在这几类中,概念不清但作业认真踏实者,总会发现不清之处,慢慢会清楚起来。学习成绩暂时差一些,但身有优良学风的同学,也有发展前途。成绩好者或一般的,但染上了不良学风的同学,如果继续下去,将来长期内难以改正,结果害了自己,甚至会害了自己一辈子。成绩和学风哪个重要呢?不言而喻,成绩是暂时的现象,而学风是一生中起作用的长远因素。同时二者是密切相关的,学风好者学习绝不会太差。所以优良的学风应作为每个青年要求自己的重要标准。

(二) 能力和方法

人生难过百岁,而人类的知识遗产却浩如烟海,一个人要全部掌握是无能为力的,又何况是短暂的五年呢。五年里所得到的知识比起一生来,仅仅是个序曲;比起全部的知识来,更是渺小的一角。企图靠大学里获得知识一劳永逸自然不行。知识的增长主要靠自学,大学学习只是为一生中自学打下基础。所以大学学习的收获也绝非只在于学了多少知识,更重要的在于是否掌握了一套自学的本领。在校学得再好,如果不会独立学习,也只能保持原来的水平;如果具有自学的能力,就能把人家的知识和经验通过自学化为己有,就是在校学得少点,工作一段时间后,知识也会丰富起来。上述两种人在校时虽然从成绩看不出差别来,但一到工作岗位就能分出高低。

学习的最终目的是应用知识来创造和发展新知识,这一点做得好坏是衡量一个人能力大小的尺度，一个人对科学的贡献绝不是以他知道多少来衡量，而是以他创造了多少来衡量。人家总不会问你知道某某事，而是问你能否做某某事。一个人能力的大小一方面表现在当前的工作能力上，另一方面还表现在具有提高工作能力的潜在能力上。虽然目前的工作能力差，如果潜在能力大可以成为后起之秀。独立工作能力是衡量一个人能力大小的重要标准。对科学青年来说，具有自学能力是起码的素质修养。

独立工作能力包括三方面：一是知识水平，二是实践经验，三是思想方法。其中最重要的是实践经验和思想方法。知识水平和实践经验是展开思路的源泉。光有知识，思路往往脱离实际；光有经验，思路往往局限于一点，十分片面。二者都有害于正确思路的开展，限制了一个人的能力。

独立工作能力具体地说，就是自己运用掌握的知识，在前人工作的基础上，提出问题，分析问题，从而自己能独立地解决问题。这个要求很高，但只要锲而不舍、持之以恒，是可以达到的。常言道"万丈高楼平地起"，独立工作能力也必须在大学里就要培养。在大学里，实验和作业是学生主要实践场所。首先应该做好实验，踏实认真地完成作业。做实验如果光重复一遍，只起了留声机的作用，得不到提高。应当从实验中培养自己的观察和鉴别能力，达到想得到的就能设法做得到，不要成了"手不释卷"想得好，而做起来束手无策的人。第二是要培养自己独立自学的能力，这是独立工作的起点。在大学里，应该培养自己独立读书，会独立学习、会查书的本领，并且初步知道查什么书。工作中遇到问题就能得心应手地找到有关资料，不至于逐本逐页翻开，感到力不所及。第三是要善于独立思考，它与勤学好问是相辅相成的。孔子曰："学而不思则罔，思而不学则殆。"思和学应该很好地结合起来。不能"好读书，不求甚解"；或者"不好读书，但求甚解"。二者都是不全面的，各失一方。每个科学青年应培养成"好读书，求甚解"的习惯。

独立工作能力难从学习成绩看出来，应该自觉培养。光为分数而学是没有出息的。同样两个人，尽管在校成绩一样，假如一个是独立工作能力强者，一个是老师把着手教者，在工作经过五年或十年后，他们就会有显著的差别，前者一定会大大地超过后者。

（三）抓得住和提得起

学习不是死记硬背，要讲究艺术。学习一门课程要"抓得住，提得起"。"抓"，是对部分知识而言，抓得住，就是要把握课程中的精髓，善于用几句话来概括书中内容。"提"，是对整体而言，所谓提得起，就是要能找出各部分间的联系，掌握其来龙去脉，看清问题的关键所在，不是感到内容杂乱无章，而是有条不紊。

要做到"抓得住，提得起"，必须要"撒得开，收得拢"，即是说，要全面地、认真地学习各个部分及其细节，进行分析对比，一习再习，分清主次，找出关键，融会贯通起来，只有通过三番五次的仔细考察后，思路才能灵，才会有想头，以至能用几个问题来容纳一章的内容，这才算抓住了中心。但是撒得开并不等于眉毛胡子一把抓，而是要取其精华，去其糟粕。这就如渔夫撒网，网要撒得开，才能捞到鱼，收网后，要的只是鱼，水并没有随鱼一起捞起来。我希望你们做网，绝不要做口袋去捞鱼，口袋捞鱼收不拢，即使收拢了也把一切不相干的杂草乱石一起装起来了，最终还要花一番功夫才能得到鱼，这是事倍功半的做法，"全面撒网，重点捞鱼"才是正确的方法。

把知识"抓住"和"提起"后，还要进一步做到"掌握"，所谓"掌握"，就是要能把学到的知识在手中玩弄，成为武器，运用自如，柔韧有条。掌握运用，乃是学习的最终目的。不要光顾多，学了一大堆东西，都是些要通不通，考虑起问题来，不是前怕狼，就是后怕虎。这些东西背在身上，反而成了累赘。所以同样的知识在不同人手中，也不一样。这犹如三国里关公的青龙刀，在关公手中能当作武器，但在周仓肩上就是负担，如果放在我们身上恐怕就会成了累赘，甚至成为祸害了。没有它，一遇到强盗也许能够跑得快些，要是扛了它，只有束手待毙了。运用知识正是如此，模棱两可的知识，有了反受了束缚，不敢大胆设想；没有它倒能大胆地想下去，三番五次，可能想对了。所以求知最忌一知半解，模棱两可。

"抓得住，提得起"是治学的共同之道，而具体的治学方法可以各不相同。

（四）少而精和深与广

深与广的关系犹如毛主席指出的普及与提高的关系一样，要在普及的基础上提高，要在提高的指导下普及。深与广二者要在广上求深，深中求广。少而精是为了更好地达到深与广。

物理学中的许多物理量，如功等都是两个因子的乘积。知识与此类似，它是广与深的乘积。深而不广的知识太狭窄，恰如一条线，虽长但不成体，这种人思路窄、办法少。广而不深的知识很肤浅，犹如一个面，也没有体积，这种人看不到问题的本质。没有广作为基础，不能有很深的造诣；不深造一行的广是没有丝毫用处的。这可喻作挖沟，要挖得深，就要挖一定的宽度。挖得越深，也要挖得越宽，有时挖到一定的深度后，要再深必须重新加宽。知识正是如此，科学自萌芽到今天，虽然越分越细，科目越来越多，但彼此间的相互交错和相互联系也逐渐密切。要学好某门科学必然牵涉其他学科。学化学的人要有一定的数学和物理知识，学物理的人要有一定的化学知识。特别要在某点有很深的造诣，熟悉和精通的领域绝不能只局限于本行。精通了一行，要再学另一行也就容易了，这就是在深的指导下求广就容易了。我们一生中，通过学习和工作，知识会不断扩大，造诣会越来越深。

少而精是多快好省求得深与广的办法。首先讲求少而精，才能达到可能与有益的深与广。知识日益丰富，在短短的一生中要索取某一学科的全部知识，必须去粗存精。精华对不同的系和专业是不同的，应该经过慎重的选择。

深与广并无绝对的标准，是无限的，人的一生中不断地学习和实践是一个知识不断深和广的过程，在这个过程中要进行十分艰辛的劳动，需要我们付出一定的代价，始终坚持不渝。一般说来，达到广比深要容易些，为了求得深，必须牺牲一点广；为求得精，必须牺牲数量，但是它是进一步求得广和进一步求得数量的基础，二者是矛盾的辩证统一。

青年们应该正确地处理深与广的关系，尽快地使自己成为既具有广泛的知识，在某一行中也有较深的造诣的工作者。

（五）乐知和入迷

古今中外有成就的科学家，无一不是对自己的专业有着极大的兴趣，这是他们做出成就的重要因素。孔子曰："知之者不如好之者，好之者不如乐之者。"我想大学毕业时至少应成为"知之者"，在工作中要成为"好之者"和"乐之者"，对科学乐知，对于科学中的问题乐知，达到"入迷"的程度，要乐到"发愤忘食，乐以忘忧，不知老之将至"。对科学爱得越深，劲头就会越大，办法也会越多，问题也易被发现，造就就会大，越会感到科学不是枯燥无味，而是其乐无穷。在校青年即使成绩差一点，如果深深地爱上了这行以后，一定能赶得上来。

要达到"好之者"，除了要深深地爱自己的专业和真正懂得自己所从事的事业的意义外，还必须付出艰巨的劳动，要像颜回一样，"一箪食，一瓢饮，在陋巷，人不堪其忧，回也不改其乐"。至于做一个"乐之者"更是一辈子的事情，是长期艰辛劳动的结果。这不是每个人都能达到的。

在工作中和学习中能"入迷"，也要能"出迷"。身体究竟是本钱，不能迷得连饭也不吃，觉也不睡，既不休息，也不锻炼。就会像孔子叹息颜回那样，"不幸短命死矣"，终究不是个三好学生。也不要迷入科学而不关心政治，这样容易迷失方向。

在校青年，学习任何一门课，学完后收获大小、学得好坏是一个方面，但更重要的是你对本课是产生了爱呢？还是感到更厌烦了呢？如果大多数学生都感到热爱这门课了，说明教师教学成功了，否则是教师教学的失败。

科学青年一定要深深地爱上自己的专业，成为"乐之者"和"科学迷"，这是自觉劳动的基础，是作出贡献的重要因素之一。

治学并不神秘，创造并非高不可攀，它只是长期努力的结果。治学过程正如王国维先生提出的"治学三境界"（原刊于《光明日报》）那样：

昨夜西风凋碧树，独上高楼，望尽天涯路。（第一境界）

衣带渐宽终不悔，为伊消得人憔悴！（第二境界）

众里寻他千百度，蓦然回首，那人却在灯火阑珊处。（第三境界）

第一步是说做学问要高瞻远瞩，站得高，看得远，明了科学技术的发展情况，要树立攀登科学高峰的壮志，要有伟大的气魄。第二步是勤奋学习，废寝忘食，始终坚韧不拔地学习着，只觉得衣带渐宽，自己消瘦了，人憔悴了。由于是为了一个远大的理想，虽然如此，却终不悔。同学们正处于这一步。第三步下了苦功，付出了巨大的劳动后，应用知识进行研究，反复地想、算、做实验以至千百度，终于获得了巨大的成就。

青年们！祖国的工业现代化、农业现代化、国防现代化和科学技术现代化四个现代化中，关键在于科学现代化，历史上从来没有像今天我国这样，如此重视科学。今天，科学是为人民服务，你们掌握科学就意味着无产阶级去占领科学阵地。我国给科学发展提供了无比优越的条件，党和国家对科学指出了正确的方向，并在各方面给予最大的关怀和支持。迅速发展我国科学，赶上当今最先进的世界水平是"势所必为"了。有志于科学事业的青年们，你们都对科学感到极大的兴趣，考入中国科学技术大学，为祖国的科学事业奋战终身，乃"心所欲为"。你们年富力强有一颗赤心，对党和国家交给你们的重担，又是"力所能为"的！我相信你们今天一定能够学好，将来为繁荣祖国科学和促进工农业生产作出巨大的贡献。

为办好研究生院而竭尽全力[1]

最近，华主席、党中央和国务院批准中国科学院委托中国科技大学在北京筹办研究生院，并从今年起开始招收和培养研究生。我作为一个老科学工作者，能为国家培养年轻的科研人员做一点工作，感到特别高兴。

新中国成立后，在毛主席、党中央的英明领导和亲切关怀下，我国科学技术事业得到很大发展，取得了很大成绩，工人阶级的又红又专的科学技术队伍也有了很大增长。20世纪六七十年代，我国的科学技术队伍暂时出现了青黄不接的现象。今天，华主席、党中央、国务院批准我们重新招收研究生，恢复和建立新的研究生制度。

招收和培养研究生，无论从当前急需看，还是从长远需要看，都是非常重要的。这是尽快扩大和提高科学技术队伍的一个好办法。要进行一项深入的科学研究，需要有坚实的理论基础，需要掌握先进的实验技能。我们将对招收的研究生，进行三年左右时间的集中培养，使其达到上述要求。这比在实际工作岗位上锻炼成长，要快得多，也好得多。这对赶超世界科学技术先进水平是必需的，对解决我国科学技术队伍当前存在的青黄不接现象更是需要的。

中国科学技术大学研究生院，是中国科学院委托中国科技大学同在京区各研究所的大力协作下，在中国科学院的直接领导下筹办的。对研究生的培养，有具体的途径和明确的要求。我们希望造就政治觉悟高、知识面广、专业训练好、进取心强、敢于攻难关、攀高峰、开拓新方向的一代闯将，成为赶超世界先进水平的生力军。

赶超世界科学技术先进水平，培养优秀的科研人才，这是全党的大事、全国的大事。近些年来，我们大学培养了一批优秀的毕业生，不少青年在工

---

[1] 本文刊于1977年10月20日《人民日报》。

作实践中，作出了很好的成绩，有的有所发明创造。我们热切希望有志于科学研究工作、适合报考条件的青年，踊跃报考研究生。我们也恳切希望各部门、各单位，为了发展祖国的科学技术事业，为了赶超世界先进的科学技术水平，对于有培养前途的优秀人才，主动推荐，帮助挑选，大家共同努力来做好研究生的招收培养工作。

科技队伍的培养，基础在教育。作为科学研究机构来说，不仅要出成果，也要出人才。我们要进一步总结过去招收培养研究生的经验，建立健全新的研究生制度，努力把研究生院办好。

我虽已古稀之年，决不辜负伟大领袖毛主席生前的亲切教导，决不辜负华主席、党中央的殷切期望，决心为培养我国年轻一代的科学技术人才而竭尽全力。

理想·信念·决心①

去年春天，我光荣地加入了中国共产党。我这个八十岁的人，终于实现多年的宿愿。

有人问我，你这么大的年纪了，为什么还要入党？今天，我来谈谈自己的看法。

我年轻的时候和许多知识分子一样，怀有爱国图强、教育救国、科学救国的志愿，远涉重洋，出国深造，想为祖国出点力。但是在黑暗的旧中国，这些愿望只是一种幻想。

新中国成立后，社会制度起了根本的变化。在党的领导下，新中国的科学文教事业迅速发展起来。我从新旧社会对比、自己的工作实践和生活感受中切身体会到：没有中国共产党的领导，就没有新中国的一切，科学家在新中国大有用武之地。经过几十年实践、斗争、磨炼、比较……使我逐步加深了对党的信念，认识到中国共产党是我们中华民族建设社会主义现代化强国的胜利保证。我虽然是80岁的老人了，但并没有迟暮之感，我愿加入党的战斗行列，把自己的希望和命运同党的事业紧密联系在一起，为实现祖国的繁荣富强，贡献自己的一点微薄力量。

我们每个要求入党的人，首先考虑的是入党干什么？如果有人因为中国共产党是执政党，把入党当作获取个人名利权位的阶梯，把党员当成一块金字招牌、晋升的资本，就必然在革命事业顺利发展的时候，高兴、有信心；一旦革命受到挫折，就怀疑、动摇。这样的人说到底，只不过是个从个人得失出发的投机者，而不配成为一个真正的共产主义者。

理想和信念是一个人生活和工作的动力。1976年到1980年的编年史说明，历史进步的潮流是不可逆转的。五届人大三次会议，充满了民主的精

---

① 本文刊于1981年1月5日《科大校刊》（总第78期）。

神，充满了改革的精神，标志着我国民主化进程大大向前跨进了一步，将对我国现代化建设事业的发展产生积极的影响。在党的正确方针指引下，我们正在前进。动了起来，就会加速，就会有极大的速度和能量，冲破一切障碍，以超出预料的速度滚滚向前，这就是我的信念。我是一个科学工作者，科学工作者应该具有实事求是的精神，我对社会主义祖国的前途是充满信心的。四个现代化的宏伟目标，正吸引着老一代人为之奋斗终身，也鼓舞着新的一代奋发图强。我们的事业后继有人，我们的祖国前程似锦。我要争取时间多做工作，把自己的一切献给祖国的科学事业，为"四化"多做贡献，这就是我的决心。

档号：2004-RW13-1-2265

聂总与中国科技大学

1958年9月，在中共八大二次会议向全国人民提出技术革命的伟大历史任务的形势下，中华全国自然科学专门学会联合会和中华全国科学技术普及协会在北京联合召开全国代表大会，讨论决定将两个学术团体合并，成立中华人民共和国科学技术协会。这次大会同时也是中国科协的第一次全国代表大会。这是新中国成立以来组建我国科技队伍的又一重大步骤。当时任国务院副总理的聂荣臻同志代表党中央和国务院向大会表示热烈的祝贺。我当时兼任全国科联秘书长。我们出席大会的全体代表在全国政协礼堂聆听了聂总给大会作的报告。大会开始之前，聂总来到休息室，会见大会的一些负责同志。聂总深情地对我们说，他在党和毛主席的领导下，前半生参加了组织和建立我国人民武装队伍的工作，为中国人民的解放事业作出了一份贡献，他愿在后半生致力于组织和建立我国科技队伍的工作，争取为我国人民建设现代化的社会主义强国作出新的贡献。聂总语重心长地说，希望大家能够同他一起，共同致力于我国科技队伍的建设工作。聂总的这些话，深深地感动了我。我当时想，党中央和国务院有像聂总的这样的革命家负责领导全国科学技术工作，完全符合我们科技工作者的心声。后来，周扬同志高度赞颂聂总的这个心愿，说"这是一个革命家的动人的愿望"。确实，聂总不仅有这种动人的愿望，而且他后来领导我国科技战线所取得的光辉业绩实现了这个愿望。

20多年来，聂总为中国科学技术大学的建立、成长和发展所付出的大量心血，就是一个十分生动感人的事例。

1956年初，根据我国社会主义建设发展的需要，我们制定了《十二年科学技术发展远景规划》，在全国人民中掀起了"向科学进军"的热潮。为了实现《十二年科学技术发展远景规划》，首要的任务就是要尽快地培养出各方面的专门人才，特别是那些关系到促进我国国防建设和国民经济发展的空白、薄弱的学科，更是亟待培养出新的一代科技人才。为适应这种形势发展的需要，1958年初，中国科学院的许多科学家和领导同志一致提出，要改变我国过去采用的办教育的方式，把教育同科学研究密切结合起来，利用科学院的科学家力量比较雄厚、各研究所实验设备条件较好的特长，创办一所新型的社会主义大学——中国科学技术大学。学校的系科设置，着重在空白、薄弱学科和新兴技术领域，并做到理工结合，克服理工分家的弊病。学校实行"全院办校，所系结合"的方针，对学生给以比较严格的科学基础知识和技术操作的训练，在三、四年级时，到有关的研究所参加实际工作，以便迅速掌握最新的科学技术，并加深对基础知识的理解。为此，张劲夫同志代表科学院党组于同年5月9日向聂总写了报告。聂总非常支持，于5月21日作了批示，并转呈中央书记处。聂总批示说："中国科学院拟办一大学，我认为是可行的。昨与恩来同志面谈后，他也很赞成。校址问题，我与彭真同志谈过，请市委予以调整。请中央同意批准，以便立即着手筹备暑假招生。"邓小平同志于6月2日召集中央书记处开会，批准了中国科学院党组的报告。邓小平同志批示是："书记处会议批准这个报告，决定成立这个大学。校址另议。"紧接着，刘少奇、周恩来、陈云同志都审核同意了书记处的决定。

当时，暑期在即，校舍、招生、教职员工、教学计划、后勤供应……一系列问题都迫在眉睫，需要指日计时地去解决。聂总在负责领导全国科技工作的繁重任务下，对中国科技大学的筹建工作，一桩桩、一件件地去关心、去落实。中国科学院党组把筹建中国科学技术大学当作一件大事，张劲夫同志亲自抓，郭沫若同志兼任校长，并派郁文同志任校党委书记。

首先是校舍问题。当时中国科学院党组建议借用的校舍，本来是解放军某单位的，为了尽快解决校舍问题，聂总亲自交代谷羽同志同这个单位商量，这个单位的领导同志了解到创办这所大学是党中央的决策，是发展我国科技事业的一项重要措施，立即答应支持，很快就把房子腾了出来，毫无保留地交给了中国科学院。

其次是招生问题。在聂总的关心下，中国科学院党组向中央宣传部写了报告，报请中央通知各省市主管部门从当年的考生中为中国科学技术大学优先录取一批政治表现好、学习成绩优秀的考生入学。各省市在接到中央的通知后，认真贯彻执行，很快为中国科技大学优先录取了1600名新生，其中党团员占84%，工农子弟、干部子弟和知识分子子弟占绝大多数，这就为后来办好学校、培养高质量的科技人才创造了良好条件。

再就是教工和教学问题。聂总高度赞赏中国科学院党组提出的"全院办校，所系结合"的办校方针。当他知道吴有训、华罗庚、钱学森、贝时璋等同志和我都要到学校去讲课时，非常高兴，说这是个好办法，并鼓励各研究所的科学家们尽量到学校去兼课，以便把最新的科技成就和科研前沿课题及时传授给学生。

学校正式开学之前，聂总亲自到校察看了教室、实验室、运动场和宿舍，与同学们亲切交谈。当看到这些来自全国各地的优秀青年学生个个精神饱满、艰苦朴素，许多同学穿着打补丁的衣服，不少人还光着脚板，有些同学甚至是从北京火车站用扁担挑着行李来到西郊玉泉路校址的，聂总满意地连连点头赞许，勉励同学们继承抗大的优良传统，创立艰苦朴素的好校风。

1958年9月20日，中国科技大学正式开学了。聂总在开学典礼上发表了热情洋溢的讲话。他为全校师生员工指明了前进的方向，要求"在教职学员中，大力加强马列主义的政治教育和思想教育，树立工人阶级的立场和观点，培养与锻炼坚强的革命意志和高度的集体主义精神"。他向同学们提出了奋斗目标，就是要立志成为"又红又专""既掌握坚实的科学基础理论，又能掌握技术操作方法的全面人才"。他号召全校师生团结奋斗，把学校办成新型的社会主义大学，并满怀激情地引用郭沫若校长所作校歌歌词，鼓励大家"迎接永恒的东风，把红旗高举起来，插上科学的高峰"！

因此，可以毫不夸张地说，中国科技大学当年能够在如此急促的3个月内从无到有地筹建、成立、招生、开学，是与聂总的亲切关怀分不开的。

中国科学技术大学创建以后，20多年来，聂总一直关心着学校的成长和发展。

他曾与陈毅副总理一起到学校参观实验室，检查、了解同学们的学习成绩。他勉励同学们要好好学习，争取思想上和学业上的更大进步。他谆谆告诫同学们不要因为进了科大就骄傲起来，应该扎扎实实，刻苦学习，努力钻研，掌握过硬的本领，将来为我国科学技术的发展作出自己的贡献。

1960年国民经济困难时期，聂总十分关心科大师生们的生活和健康，一再嘱咐学校领导和搞后勤的同志们，在可能条件下，尽量把伙食搞好，把生活安排得好一些，以保证教学任务的圆满完成。对于各研究所的兼职教师从中关村到学校上课的交通问题等，聂总也都亲自检查过问。

1963年7月14日，中国科技大学的校园里锣鼓喧天，彩旗飘扬，一片喜气洋洋的节日景象。陈总、聂总等中央领导同志来校出席中国科技大学首届毕业典礼。聂总高兴地向师生们祝贺，向5年来为建校付出辛勤劳动的校领导、教授们、老师们和全体职工们表示崇高的敬意。他说，5年培植，今日结果，可喜可贺。他希望同学们挑起新的具有历史意义的光荣艰巨的重担，就是要把我国尽快建设成为现代化的社会主义强国。他要求同学们要在又红又专的道路上，永不自满，永不歇息，不断创新，不断前进。

陈毅副总理当年在繁重的外交活动中也抽出半天时间，在郭沫若校长、郁文书记的陪同下到学校专门给同学们做了重要报告。

后来，在第二届、第三届毕业典礼上，谭震林、罗瑞卿等中央领导同志也都来到学校，会见师生，到会讲话，合影留念。

在党中央和周总理、陈总、聂总等老一辈革命家的亲切关怀下，在中国科学院党组的直接领导下，经过全校师生员工的共同努力，中国科技大学为国家培养出了一批批高质量的科技人才。

20世纪70年代，中国科技大学被迫下迁，辗转数地，最后来到安徽省合肥市。敬爱的聂总在他遭到林彪、江青反革命集团的诬陷攻击的情况下，仍然关心着中国科技大学的命运，关心着学校的师生员工。毛泽东思想的哺育，聂总和其他老一辈革命家的关怀，给了科大师生员工以无穷的力量。他们克服重重困难，坚持原定的办学方针，不断取得了教学和科研的新成绩。当然，要在安徽重新建校，其间的困难是可以想象的。在安徽省委万里、张劲夫、周子健等领导同志的亲切关怀下，在安徽省、合肥市有关部门的大力支持下，中国科技大学的各项建设工作取得了很大的进展。

1978年9月，在科学的春天里，中国科技大学迎来了20周年校庆。聂总不顾体弱有病、握笔困难，仍然坚持草书百余言为科大校庆志贺，书法苍劲,语重心长,从中足可看出他对科大师生们的热望之心。聂总的贺信说:"科技大学创办二十年,成绩显著,培养的大批科技人才,已成为今日科技战线上的骨干力量。"他希望中国科技大学"总结经验,再接再厉,为祖国四个现代化的建设,出更多更辉煌的科技成果,出更多更优秀的科技人才"。

聂总和其他老一辈革命家的亲切关怀和谆谆教诲,一直在激励着中国科技大学的师生们在社会主义建设的各个不同岗位上,在祖国的四面八方,在远隔重洋的异域他乡,忘我地工作,勇敢地进取,不断创造优异成绩,为学校争光,为祖国争光!去年,全国统考后入校的第一届毕业生已有66%先后考取了国内外研究生,今年又有54%的应届毕业生考取了国内外研究生,同时,少年班第一届毕业生(其中有一半是提前毕业)也有70%以上考取了国内外研究生。他们当中,有15岁考取国内研究生的,16岁考取国外研究生的,更多的是以优异的成绩考取国内知名科学家的研究生。

继郭沫若校长之后,我荣幸地出任中国科技大学的第二任校长。我和科技教育界的同志们高兴地看到,中国科技大学已经度过了她的少年时代,步入青年时代,正在显示出她的旺盛的青春活力。

现在,中国科技大学已经成长为我国教育园地中一朵绚丽多姿的新花,在国际上也赢得了良好的声誉,这当中就凝结着聂总许许多多的心血啊!

档号:1983-WS-Y-15-8

谈谈读书、教学和做科学研究①

（一）

读书主要靠自己，对于大学生来说尤其如此。读书有一个从低级向高级发展的过程，这就是听（听课）—看（自学）—用（查书）的发展过程。

听课，这是学生系统学习知识的基本方法。要想学得好，就要会听课。所谓会听课，就是要抓住老师课堂讲授的重点，弄清基本概念，积极思考联想，晓得如何应用。有的大学生，下课以后光靠死记硬背，应付考试，就学习不到真知识。我主张课堂上认真听讲，弄清基本概念，课后多做习题。做习题可以加深理解，融会贯通，锻炼思考问题和解决问题的能力。一道习题做不出来，说明你还没有真懂；即使所有的习题都做出来了，也不一定说明你全懂了，因为你做习题有时只是在凑凑公式而已。如果知道自己懂在什么地方，不懂又在什么地方，还能设法去弄懂它，到了这种地步，习题就可以少做。所谓"知之为知之，不知为不知，是知也"，就是这个道理。

一个学生，通过多年的听课，学到了一些基本的知识，掌握了一些基本的学习方法，又掌握了工具（包括文字的和实验的工具），就可以自己去钻研。一本书从头到尾循序地看下去，总可以看得懂。有的人靠自学成才，其中就有这个道理。

再进一步，到一定的时候，你也可以不必尽去看书，因为世界上的书总是读不完的，何况许多书只是备人们查考，而不是供人们读的。一个人的记忆力有限，总不能把自己变成一个会走路的图书馆。这个时候，你就要学会查书，一旦要用的时候就可以去查。在工作中，在解决某个问题的过程中，需要某种知识，就到某一部书中去查，查到你要看的章节。遇到看不懂的地

---

① 本文刊于1984年《红旗》第1期。

方,你再往前面翻,而不必从头到尾逐章逐节地看完整部书。很显然,查书的基础在于博览群书,博览者,非精读也。如果你"闭上眼睛",能够"看到"某本书在某个部分都讲到什么,到要用的时候能够"信手拈来",那就不必预先去精读它,死背它了。

读书这种由听到看,再到用的发展过程,用形象的话来说,就是把书"越读越薄"的过程。我们读一本书应当掌握它的精髓,剩下的问题就是联系实际,反复应用,熟则生巧了。

那么,我们怎样理解对某个问题弄懂与否呢?其实,我们平时所谓"懂",大有程度之不同。你对某个问题理解得更透彻更全面时,就会承认自己过去对这个问题没有真懂。现在,真懂了吗?可能还会出现"后之视今,亦犹今之视昔"的情形。所以,"懂"有一个不断深入的过程。懂与不懂,只是相对而言的,这也就是"学而后知不足"的道理。

每个人都要摸索适合自己的读书方法,要从读书中去发现自己的长处,进而发扬自己的长处。有的人是早上读书效果最好,有的人则是晚上读书效果最好;有的人才思敏捷,眼明口快,有的人却十分认真严谨,遇事沉着冷静;有的人动手能力强,有的人逻辑思维好。总之,世上万物千姿百态,人与人之间也有千差万别,尽管同一个老师教,上同样的课,但培养出来的人总是各种各样的,绝不会是一个模子铸出来,像一个工厂的产品似的,完全一个模样。

归根结底,读书主要还是靠自己,有好的老师当然很好,没有好的老师,一个人也能摸索出适合自己的读书方法,把书读好。我这样说并不是说老师可以不要了,老师的引导是十分重要的。但是,即使有了好的老师,如果不经过自己的努力,不靠自己下苦功,不靠自己去摸索和创造,一个人也是不能成才的。

当今,在科学技术迅猛发展的时期,自然科学和社会科学更是密不可分,相互交叉,出现了不少边缘学科。所以理工科的学生,应该读点文科的书。同样,文科学生,也应该读点理工科的书。理工科的学生只有既懂得自然科学知识,又知道一些社会科学知识,既有自己专业的知识,又有其他学科的一般知识,这样才能适应现代社会的要求。

（二）

搞好教学工作是老师的天职。一个大学老师要想搞好教学工作，除了要有真才实学以外，还必须一要大胆，二要少而精，三要善于启发学生、识别人才。

首先讲要大胆，中青年教师尤其要注意这点。一些教龄较长、教学经验较丰富、教学效果较好的同志一定有这样的体会，即从某种意义上来说，讲课是一种科学演说，教书是一门表演艺术。如果一个教师上了讲台，拘拘束束，吞吞吐吐，照本宣科，或者总是背向学生抄写板书，推导公式，那就非叫人打盹不可。一个好的教师要像演员那样，上了讲台就要"进入角色""目中无人"，一方面要用自己的话把书本上的东西讲出来；另一方面你尽可以"手舞足蹈""眉飞色舞"，进行一场绘声绘色的讲演。这样，同学们就会被你的眼色神情所吸引，不知不觉地进入到探索科学奥秘的意境中来。怎样才能做到这一点呢？这就要求你必须真正掌握自己所要讲的课程的全部内容，也就是要做到融会贯通，运用自如，讲课时能详能简，能长能短，既能从头讲到尾，也能从尾讲到头，既能花一年之久详细讲解，也能在一个月之内扼要讲完。到了这种时候，就像杂技艺人玩耍手中的球一样，抛上落下，变幻无穷，从容不迫，得心应手。要做到这一点，自己知道的、理解的东西比你要讲的广得多、深得多。我个人的体会是讲课不能现准备、现讲授，要做到不需要准备就能讲的才讲，而需要准备才能讲的不要讲。

老师对自己所教的课程掌握熟练，又能用自己的话去讲，才能做到毛主席讲的"少而精"，深入浅出。老实说，如果你只会照书本讲，你讲一个小时，学生自己看半个小时就够了。好的老师，虽曾写过讲义、著过书，讲课时也不会完全照着自己写的书或讲义去讲，他只需把最精彩的部分讲出来就行了。这是什么道理呢？可以打个比方，著书类似于写小说，教书则类似于演戏。要将一本小说改编成一出戏，不过是三五幕、七八场。从上一幕末到下一幕初，中间跳过了许多事情，下一幕开始时，几句话一交代，观众就知道中间跳过了什么情节，用不着什么都搬到舞台上来。搬到舞台上的总是最精彩的段落，最能感动人而又最需要艺术表演的场面。

要想教好书，还必须了解学生。下课后和学生随便聊聊，"口试"一下，不消半个小时，就可以从头问到底，学生掌握课堂知识的深浅程度就知道了，老师讲课就有了针对性，效果会好得多。现在有的老师对学生不了解，也分不出自己教的学生的程度来；上课前东抄西抄，上课时满堂灌，虽然教了多年书，效果也不会好。

好的老师要善于启发学生，善于识别人才，因材施教。你到讲台上讲一个基本概念，就要发挥，要启发学生联想，举一反三，这样才能引人入胜。这个问题是怎样提出来的，又是怎样巧妙地解决的。与它类似的有哪些问题，还有哪些问题没有解决？这就是我们常说的"启发式的教学"，它可以一步步地把学生引入胜境，把学生引向攀登科学技术高峰的道路上去，使人的雄心壮志越来越大。现在的大学生素质好、肯努力，男的想当爱因斯坦，女的想当居里夫人，都想为国家争光，为"四化"多做贡献，我们做老师的应该竭尽全力帮助他们成才。如果一个青年考进大学后，由于教学的原因，一年、二年、三年过去了，雄心壮志不是越来越大，而是越来越小，从蓬勃向上到畏缩不前，那我们就是误人子弟，对不起年轻人，对不起党和国家。这是我们当教师、办学校的人所应当十分警惕的。

（三）

许多学生准备考研究生，有些大学生毕业后可能直接分配到研究所参加科学研究工作。大家常问：科学研究工作的特点是什么？从事科学研究的人应该具备什么样的条件？

我认为，科学研究工作最大的特点在于探索未知，科学研究成果的意义也正在于此。恩格斯说过："科学正是要研究我们所不知道的东西。"（《马克思恩格斯选集》第3卷第541页）科学研究工作是指那些最终在学术上有所创见，在技术上有所创造，即在理论上或实践上有所创新的工作。所谓创新，就是你最先解决了某个未知领域或事物中的难题，研究的结果应该是前人从未有过，而又能被别人重复的；得到的看法应该是从来没有人提出来，而又能逐渐被别人接受的。总之，科学研究工作的成果完全是你自己和研究工作的集体在前人的基础上创造出来的。

因此，从事科学研究的人，要经过训练，要有导师指导，在学术上必须具备两条，第一是能够提出问题，第二是善于解决问题。

首先是你要在所从事的领域里，在古今中外前人工作的基础上，提出新的问题，也就是要找到一个合适的研究题目。这个题目应该是经过努力短期内能够解决的，而不是那种经过10年、20年的努力都没有希望解决的问题。这一点是区分初、中、高级研究人员的重要标志之一。初级人员是在别人给他指点的领域、选定的题目之下完成一定的研究工作；中级人员自己能够找到一个比较合适的研究题目，并独立地去解决它；高级人员除了自己从事创造性的工作外，还应该具有指导研究工作的能力，能为别人指点一个合适的领域或题目。因此，对于一个研究生或刚参加工作的大学生来说，找一个好的导师是很重要的。找怎样的导师好呢？是年老的，还是年纪稍轻的？我说各有各的长处和短处。年轻的导师自己正在紧张地做研究工作，你该做些什么，导师早已安排好了，也许一年半载就出了成果，这对一个研究生的成长是有利的。但是，由于你只是参加了部分研究工作，虽然出了成果，你和导师联名发表论文，但你可能还不完全知道其中的奥秘，也不完全明白它的深刻意义。如果你是在国外，你的导师也许把你当作劳动力来使用，回国以后你想重复，可能也做不起来。反过来，如果导师是年老的，他很忙，只能给你指点个方向，许多具体困难你只好自己去克服，出成果可能就慢些，但可以锻炼你独立工作的能力。跟这样的导师还有一个好处，就是与他打交道的大都是当代名家鸿儒，你在那里工作，他们来参观，点个头，握个手，问答几句，就可以受到启发和鼓舞，增强你克服困难的信心，有助于在研究工作中突破难关。

其次，要求科学研究人员有善于解决问题的能力。创造，实际上是一个克服困难的过程。你能够克服这个困难，你把这个问题解决了，就有新的东西得出来了，也就是说你有所创新了。不管是搞自然科学还是搞社会科学都一样。要做科学研究工作，总会碰到一些困难，没有困难还要你去研究什么？困难克服得越多，你解决的问题、得到的结果越重要，你的创新也就越大。所以我们讲一个人能不能独立地做研究工作，就是讲他有没有克服困难的能力、决心和信心。一个人的能力，就是在不断克服困难中锻炼出来的。

培养人就是培养克服困难的能力。一个人能不能搞科研工作，并不取决于他书读得多少，而在于他有没有克服困难的能力。

怎样才称得上是第一流的科学研究工作呢？首先，研究题目必须是在茫茫未知的科学领域里独树一帜的；其次，解决这个问题没有现成的方法，必须是自己独出心裁设想出来的；最后，体现这个方法、用来解决问题的工具，即实验用的仪器设备等，必须是自己设计、创造，而不是用钱能从什么地方买来的。如果能够做到这些，就可以说我们的科研工作是第一流的。

在大学里，科学研究工作一定要与教学工作密切结合起来。我们现在需要搞好科研，更需要搞好教学。教学与科研，两者是相辅相成的。一所大学应该成为以教学为主的教学与科研中心。教书的人必须同时做科研工作，或曾经做过科研工作。搞科研的人还要教点书，多与青年人接触，这样可以帮助你多思考一些问题。

一个老师把教学工作搞好了，科学研究工作做好了，由于长期的积累，到了一定的时候，就要自己动手写书。可以说，写书是教学和科研工作的总结。写好一本书，特别是写教科书，意义是十分重大的。要写好书，就应该推陈出新，写出自己的风格来，绝不能东抄西摘，剪剪贴贴，拼拼凑凑。写书就好像是蜂酿蜜、蚕吐丝。蜜蜂采的是花蜜，经过自己酿制之后，就变成纯净甘美的蜂蜜。蚕吃的是桑叶，经过自己消化之后，就变成晶莹绵长的蚕丝。采花酿蜜，可说是博采众长；吐丝结茧，真正是"一气呵成"。那么，怎么样才是写出了"自己的风格"？就是要文如其人。除了数字、公式、表格之外，要尽量用自己的话去论述问题。当别人看你写的书时，就好像听见你在说话一样。中青年教师应该大胆写书，朝这个方向去努力。

总之，一个人要有所成就，必须专心致志，刻苦钻研，甚至要有所牺牲。法国小说家莫泊桑说过："一个人以学术许身，便再没有权利同普通人一样生活了。"

实现新转变　迎接新时代
——《中国科学院研究生院学报》代创刊词①

在科学的春天，我们的学术百花园里又添了一棵幼苗——《中国科学院研究生院学报》诞生了。这是一件值得庆贺的喜事！

近年来，科技人才的培养越来越引起科学院全院的重视。在研究生培养方面，研究生院和各研究所做了许多卓有成效的工作。为了及时反映师生们的科研成果，加强学术交流，促进学术繁荣，大力发现和培养学术新人，办一个学报是完全必要的。我希望研究生院的同志们努力把学报办好，也希望院属各单位和兄弟院校热情支持他们。我相信，这棵幼苗一定会茁壮成长起来。

我们鼓励和支持广大科技人员，尤其是青年在科学技术领域里不断提出新思想、新观点、新概念、新方法，探索新路子，开辟新领域。我们要坚持学术上百家争鸣的方针，对于这个问题，学报的态度要鲜明。

第二次世界大战以来，自然科学的各个领域几乎都发生了深刻的变化，出现了新的飞跃。一系列新兴工业，如电子计算机工业、高分子合成工业、原子能工业、半导体工业、宇航工业和激光工业等，因此得以建立起来。尤其是电子计算机、控制论和自动化技术的采用，正使整个社会的生产力以空前的规模突飞猛进地向前发展。当前，世界正面临着新的技术革命的挑战，一个以信息科学为核心的科学技术革命的新时代正在到来。

党的十一届三中全会以来，我国的科学技术正经历着一个新的战略性的转变，其目的是要用现代科学技术武装国民经济的各个部门，从而在更大的规模上发展社会生产力，不断满足人民日益增长的物质和文化生活的需要。经济建设要依靠科学技术，科技工作要面向经济建设。这是我们实现"四化"宏图、发展科学技术的指导方针。

---

① 本文为严济慈修改过的版本。

党中央为我们指明了前进的方向。作为科技战线上的一员,我愿和同志们一道为"四化"建设培养出一批又一批又红又专的高级科学研究人才,为振兴中国的经济,为建设具有中国特色的社会主义而加倍努力!

档号:2004-RW13-1-240

《科技"神童"的摇篮——中国科技大学少年班与少年大学生》序①

中国科学技术大学于1978年3月创办了少年班,这是我国第一所培养理科智力超常少年的大学。开办这种少年班,是中国教育史上的创举,在世界教育史上也属仅见。正如方毅同志曾经说过的:"少年班是科大在全国的独创,是全国特产,新生事物。"少年班这种办学形式,是我国教育史上一项很有意义的创新和实验。

中国是世界文明古国之一,有着悠久的历史,深厚的哲学文化传统,丰富的教育思想遗产。少年班的创办,为我国源远流长的文化教育事业增添了新的篇章,值得从理论和实践上进行探索和总结。《科技"神童"的摇篮——中国科技大学少年班与少年大学生》一书,无疑是这种探索和总结的重要成果。它的出版,是值得庆贺的。作者来函约我作序,作为中国科技大学的前任校长、现在的名誉校长,我感到非常高兴!

少年班创办伊始,1978年4月我到中国科技大学时就专门看望了少年大学生,并书赠题词:"你们是初升的太阳,希望寄托在你们身上。"此后,我每次去中国科技大学,都看到少年大学生们在健康成长。10年来,少年班得到了党和人民群众,以及社会各界知名人士的关怀、支持和帮助。由于中国科技大学全校师生员工的共同努力,特别是少年大学生们的刻苦学习,少年班已取得了可喜的成绩。到目前为止,少年班已招收10期,共有358名学生入学。已经毕业的190人中,有143人考取了国内外研究生,约占毕业总数的75.3%,其中出国深造的有100余人。少年班还出现了我国教育史上的

---

① 本文是严济慈1987年7月为《科技"神童"的摇篮——中国科技大学少年班与少年大学生》(湖南人民出版社1988年11月出版)一书所写的序。

"三最"：年龄最小的15岁的国内研究生；年龄最小的16岁的出国研究生；年龄最小的19岁的助教。1984年8月16日，邓小平同志与著名物理学家丁肇中博士谈到中国人才的培养时说："少年班很见效，也是破格提拔，其他几个大学都应办少年班，不知办了没有。至少北大、清华、交大、复旦应办一点少年班。"在党中央的倡导下，从1985年起，少年班这一办学形式，已从中国科技大学逐渐推广到其他大学，有10余所大学开办了少年班。为了使少年班更深入地向前发展，为早出人才、快出人才摸索经验，中国科学技术大学又在北京景山学校和江苏省苏州中学创办了少年班预备班。这对广大超常少年来说，既是喜事，又是一个动力。我希望全国有志少年，奋发努力，茁壮成长；我希望少年班越办越好，为探索、建立中国式的智力超常少年的培养教育体系、教育方式、教育理论而奋斗！

本书作者朱源同志，长期在少年班任班主任工作，今年才30多岁；秦裕芳同志是少年班的任课老师，并长期从事智力超常少年的培养教育研究工作，今年40多岁，他们正是年富力强的时候。记得，几年前的一次少年班学生座谈会上，我曾经说过：朱源同志尽管辛苦一点、累一点，但这是对党、对国家、对人民很有意义的工作。我希望他们以这本书为起点，不骄不躁，继续努力，把自己的全部热情、才智和思考，贡献给少年班，贡献给少年大学生，贡献给我们伟大社会主义祖国的教育事业。是所望焉，谨序。

档号：2008-SW11-Y-138

严济慈 科学之光

致辞讲话

严济慈副校长在1978年全校大会上的讲话

(1978年4月26日)

我首先热烈祝贺中国科技大学！祝贺我们中国科技大学的领导班子由于杨海波、王诤、孔真等同志的到来而大大加强了！祝贺中国科技大学各系的领导班子由于北京、上海的一批科学家的兼任而大大加强了！祝贺我们在1958年建立起来的中国科技大学，在新的长征路上又开始了新的大跃进！

刚才李昌同志给大家作了一个很全面、很生动、很鼓舞人心的重要报告，我不必要也不可能再讲什么了。我还是想再讲几句，一个是关于教学问题，另一个是关于读书问题。

加强基础课教学是全国所有大学的共同呼声，但是科技大学要特别加强基础课教学，我们是五年制，人家是四年制，这多出来的一年，虽然不是统统放到基础课教学中，但也应该有一定的时间用于基础课。科技大学的学生，三年到三年半学习基础课，一年到一年半到各研究所参加研究工作。李昌同志刚才讲，科大培养的学生有三方面，其中主要是培养科研方面的人才。中国科学院的任务侧重基础、侧重提高，为了赶超世界先进水平，就要培养出第一流的科学家。目前要着重加强基础课，以前缺少教基础课的教员要抽一部分教基础课，不用说，以前教基础课的教员和做过一些研究工作的同志，更应当把主要精力集中在加强基础课这一重要工作上。现在局面变了，任务不同了，从前做一些工作，是为了生存而斗争，通过做一些工作，得到一些补助，现在不要任何人的补助了，应该有所为、有所不为。讲有所不为，不是说工厂就不要办。刚才李昌同志说了，工厂要办好，将来同学们要进去实习。我这个人是不会跑步的，但有时要前进，就要先往后退几步。做研究工作的人，要教一点基础课，是为了更好地做研究工作。赛跑时，腿往后蹬几蹬，才能跑快一点。一些学校，尤其是重点大学，要办成既是教学中心又是科研中心，中国科技大学不能不搞科研，就是后一年半到研究所工作，科大本身也要搞科研。科大要办成教学中心和科研中心。在科大成立时，这个口号没有叫得这样响亮，学校既是教学中心又是科研中心，我的理解不是两个中心，正如刚才李昌同志说的，是一个中心，就是学术中心，包括科研和教学。每一个科研人员，要做教学，每一个教学人员，要做科研，把教学和科研有机结合在一起。

想讲几句读书的问题，现在学校有1975级、1976级、1977级三届学生，由于"四人帮"的干扰破坏，1975级、1976级的同学读的书少一点。李昌同志说读书少一点没有关系，我同意他的话，任何人读的书都是有限的，不是无限的，不是"无穷大"，有限与有限之间差不了多少。读书多一点的人不要骄傲，读少的人不要自卑，学习是一辈子的事。周总理教导我们"活到老学到老"；毛主席教导我们"好好学习，天天向上"，这句话在幼儿园经常看到，在大学里最好的一句话也是"好好学习，天天向上"，每天早晨起来能记得这八个字就了不起。刚才李昌同志说马大猷同志曾说，教书教得好的人，书要越教越薄，能把一本书越教越薄，就能做到"少而精"。读书读得好的人，也是越读越薄。第一遍读的时候觉得书很厚，有点可怕，再读第二遍时，就觉得薄些，如再能读第三遍，就觉得更薄，这是因为已经消化了。读书不是为了把书装在脑子里，把脑子装得满满的，这样就没有脑子了，脑子要空空如也，这是为了吸收新的东西，要使脑子觉得很轻松才能吸收新的东西。

李昌同志讲了10个问题，他的每一句话、每一个问题都是要实现的，都是要见于行动的，这需要我们每一个人的共同努力。李昌同志的这一番话，把中国科技大学已经和打算做的事，把中国科技大学的美好远景呈现在我们面前，要实现这个诺言，要我们每一个人努力、努力、再努力。

让我们"学习、学习、再学习""团结、团结、再团结"。在我们的教学中、科研中，在各项工作中，作出我们好的成绩，迎接中国科技大学建校20周年，迎接我们国家成立30周年。

档号：1978-WS-C-29-17

严济慈校长在1980年部分教师、干部会上的讲话

（1980年6月11日）

我确实很高兴，今天听了石钟慈、马兴孝、张其瑞、阮图南、杨衍明五位同志的学术报告。我非常高兴，我谈一下我听报告的感想。我估计，他们五位的年纪大概都是40岁以上、50岁以下，或者可能超过50岁也不一定。四五十岁的人确实是我们国家科技战线上的骨干分子。不用说，他们报告的内容非常重要，我今天回到稻香楼，一定尽可能地向方副总理汇报。今天下午方副总理正在那边接见省里的领导同志，他们向他提意见，说他到合肥，就是整天到晚蹲在科技大学。方副总理今天要是能够来参加这次会议，一定会很高兴。

我记得1978年那次来，我也参加了一次学术报告会，假如我没有记错，那一次也有石钟慈同志。今天听了他们五位的报告，虽然我不一定能够都懂，但是大概是怎么一回事，我还是可以体会的。比如阮图南同志的工作，在广州会议上，李政道教授、杨振宁教授，他们跟我谈起过。当时我知道的还没有现在这样清楚。在国内，或者说在中国科学院，我们对科技大学有这样多的成果，是不是都知道，要打一个问号。今天在座的教育局的马先一同志和张莫棠局长，回去后要给我们好好地汇报一下。

刚才钱临照副校长说，要请院领导都来，我确实有这样一个愿望。这次争取计划局局长来，他也很愿意来，因为他很忙，作十年计划、五年规划。但我还是想要分批地争取院里副院长、秘书长、副秘书长，以及局长、副局长或主任、副主任，请他们到合肥来，而且我陪他们来。

方副总理很重视科技大学的，为什么重视，不用我多讲了。科大的历史与现在的工作，她本身就说明是很重要的。不过能够请他们自己具体地看到我们的情况，不光是我们的实验室、图书馆等值得自己夸耀的地方，也看看

我们管理方面不足的地方，让他们了解概况，有具体的印象，那么在院里考虑问题时，随时都会想到科技大学。

至于这样的学术报告，当然在广州、庐山都可以报告，在北京更可以报告，到外国也可以报告，到欧洲去也可以报告。我想使我们研究所的许多科学家同志们，也都能来看看我们科技大学现在的工作，因为我们是所系结合嘛！让他们给我们提提要求，从研究所的工作出发，从研究所的计划和将来的发展出发，谈谈我们需要培养什么样的人，叫他们给我们提提要求，对我们的工作做些评价。

今天听了同志们的报告，出乎我的意料之外，同我上次来比，这两年时间变化很大，进步很大，取得很大成绩。

一个月前，我在巴黎也碰到几位来过科技大学的人，一位是巴黎第七大学的校长，一位是法国高等师范的教授，他们也讲科技大学给他们的印象很深，很赞扬他们在科技大学所看到的工作。

确实，就我这年纪，我自己也知道，不能做多少事情。不过看到你们的工作，也的确给我增添了一股劲头。还没有作报告的四位同志，年纪比刚刚作过报告的五位同志稍微年轻一点，有的年轻不少，所以更使我高兴。

下面说一下我对我们科技大学的希望，或者说我对科技大学的感情为什么这样深？

我想有两个原因。一个是每年招进来的科技大学学生，高考的成绩在全国差不多是第一。科大成立不久，1960年、1961年、1962年的情况我是知道的，我也是招生委员会的，那时我知道科技大学是中国科学院的大学，郭院长是我们的校长，更不用说周总理以及老一辈革命家对科技大学的关心了。所以科技大学从成立起，全国青年都是很向往的。那么搬到安徽合肥来之后，我时常担心什么呢？就是科技大学人家是不愿意来。从去年招生情况看，北京人不一定愿意到合肥来。但是其他各个省市，差不多还是把最好的青年送到科技大学来，因此总的看还是第一。这样一个事实，使我很高兴。另外就是我们科技大学从成立到现在，才20多年，同许多大学比，时间很短，我们学校和研究生院里面年纪大的教授较少，但是我们的青年教师，无论是在教学方面或者是在研究方面，工作认真努力。特别是，从其他学校调到这里来的同志，把现在的科技大学同他以前所在的学校一对比，说科大老师的工作好。这是6系五专业一位同志说出来的，我才明白，才相信。大家努力认真，一心一意要把我们这个学校办好，要作出成绩来，要为国家作出贡献。毛主席教导我们，人还是第一，还是最重要的。

有的人问：教学、研究两方面怎么兼顾？我想我们一方面要培养人才，一方面要作出成果。一个教学中心，一个科研中心，是两个中心，还是一个中心？我个人认为，还是一个中心。这个中心包括教学和研究。我看到钱临照副校长发表的一篇文章，说"三轻三重"，特别是他的文章最后一段指出，我们要取长补短，不能舍长补短。比如，从前是轻教学、重科研，现在就改为重教育、轻科研，不能这样做，这是他的文章最后一段的意思。那么为什么造成这个现象呢？是我们国家的历史。

我回想起来，我在南京高等师范上大学的时候，1918—1922年，那时，没有多少大学，那时清华大学，还叫清华学堂，南京高等师范还是很出色的。当时有个说法，叫作南高北大。北大出名是在文科，南高是在理科。我今天不去讲这个历史。清华大学是1925年才改成大学，清华学堂是留美的预备班，出去的人到美国去，有的还是进中学，至多是进大学一年级。

19世纪20年代，我国研究工作还没有开展，只是在生物、地质这方面做些调查的工作，并没有正正规规地像你们现在做这样的研究工作。

1927—1928年，我教过一年书，钱临照副校长我是那时候认识的，还有杨承宗副校长。同时教四个大学，一个星期教27个钟头。那时，我在南京和上海，在上海有三个学校，大同、中国公学，第三个是暨南大学。南京是第四中山大学，这个名字你们没听到过，就是南京高等师范后变成东南大学。那时有一个很大的事件，1927年那个时候北伐成功了，从广州出发到一个地方，（便）叫一个大学，广州大学是第一中山大学，武汉大概是第二、第三中山大学，到南京是第四中山大学。到南京去上课，那时候讲电动力学，每星期讲6个小时。我星期五晚上去，坐夜车，星期六早上讲3个钟头，第二天星期天讲3个钟头，讲完了，就到下关坐火车回到上海。我到吴淞口的中国公学，一星期去一趟，一去就是讲7个钟头。那时，我住在大同大学，跑到吴淞口，要1个半钟头。我讲的课，一年级到四年级几乎都有，一年级的课也有，四年级的课也有，数学同物理，我都是包下来的。

我很想在中国的土地上做点研究工作。我教了一年书，感到自己力量还不够，又到法国去工作两年。回国后到北平研究院。一直到1958年，我又在科技大学教书。有的人感到很奇怪，说我一周就教27个小时。我那时教书，有我的教法。我的老师把我捧得很厉害。在大同大学、中国公学，学生都不敢捣乱。我讲课也没有准备，自己怎么想就怎么说，我也不去演算题目。我说："你们做不出来的题目来问我好啦。因为这些题目，我都已经做过了，我有这个把握。"从前，有那么一些人，教书后去当教务长、校长，最后去做官，这是一条不可逆的路。这些人去当教务长后就教不了书啦。1958年，中国科学院的人问我，怎么教法。我就说，我就是这么教，想到什么就讲什么，不要准备。我对青年教师讲，教书要大胆。上了台，拘拘束束，那对不起听众。上了台，不管是唱京戏、演话剧，你必须摆出那个样子，要"目中无人"。一个诀窍就是讲课不要准备，要准备就不要讲，我想这几句还可以供你们各位作参考。

你要用自己的话，把书讲出来，这时，你才能手舞足蹈。学生看你的眼睛神色在变化，才能被吸引住。老实讲一句，你只会照书上讲，你讲1个小时，学生自己看半个小时就够了。自己写的书、讲义，讲课时也不要照书和讲义讲。这是什么道理呢？比如一本小说，改成一出戏，看戏的人觉得这戏好，当场就拍掌，不会在看戏时打瞌睡，第二天一想，这戏真好。小说改成戏，不过是三五幕或七幕，从第一幕到第二幕，跳了许多，第二幕开始几句一交代，你就知道跳过了很多事情，用不着都搬到舞台上来嘛！自己写的书，也可以跳。到讲台上，要发挥，要有声有色。你可以把第50页的内容与第180页上的内容做一比较，人家就深刻了。你可以写黑板，但也不要老写黑板，否则容易使人打瞌睡。

我们现在需要讲课，需要搞科研。国外的教授，当教授前要做研究，当教授后也不会把科研工作停下来。我们不要把教学和科研对立起来。这两项工作是相辅相成的。我有个想法，搞科研的人应该教点书，有时间读点书，多与青年人接触，可以多考虑一点问题。因为一个人做研究做得起劲的时候，什么都不管，什么书也不看，除非是同你研究直接有关的文章。

昨天下午与同学们座谈，他们对老师是很尊重的，不过对个别老师不满意。他们感到我们的教学力量很强，人才很多。他们说只有1/3的人在教书，就是说一个科技大学的力量可以办三所大学。老师应该使同学满意，这容易做到。学校要好好研究一下，组织一下。

你们作报告的五位先生，不要中断研究，同时，可以教点书，一个星期教3个小时。也照我这个"偷懒"的办法，不要准备，要准备的东西就不讲。找些青年帮助你做研究，多吸纳一些人。你们报告中的许多工作，可以吸纳10个人、20个人来做，就是不要把教学与科研对立起来。

合肥这个地方很好，所谓好，就是很有奔头，我们方院长很重视。李昌副校长也来过两次。方院长工作抓得很紧。包头、四川的攀枝花，他每年都去一次。他说，去那里也不过是4天，到一个地方待5天，这还是第一次。他讲，这里是他的第三个点。所以我想，希望他每年来这里一次，我晚上就向他汇报。你们大家都要从积极方面向前看，提一些主意、建议。

方副总理讲，今年到外国进修、交流的人数不少，这是好事情。就是目前教育、科研受点影响，也要忍痛，很快就回来嘛！我现在最热心的一件事，就是李政道教授联合美国50所大学，单物理方面要在中国招100名研究生，每个大学2名，美国出生活费，我们自己出路费。如果作出成绩，明年还可以推广到数学、化学、生物等学科。这样一件好事，抵得上办几个研究生院，有人很赞成。方副总理批示：要千方百计地完成这件事。要送走100名，要够程度，要择优，条件要放宽，不管什么年纪，40岁也可以。

讲到我们科技大学，说实话，科技大学在科学院院务会议议事日程上是排不上号的，除非开工作会议，大大咧咧，可以开它三个星期、五个星期，但日常院务会议或院长会议很难排上号。我这个人有点官僚主义，科技大学、研究生院、空间技术、技术科学部……我都不去给他们争什么，我也不给物理争什么。因为我是副院长，要搞好整个科学事业，我不好意思专门给科技大学争利益。不过我想，要真正办好科技大学，还是要有几个人出来争一争的。

所系结合，要和各个所真正挂起钩来。院里现在有许多局，一局管生物，二局管物理、数学，三局是技术科学，四局是化学，五局是地学，要和这些局挂起钩来，这些局长先生你们应该去拜访拜访。教育局、外事局，这两个局的"菩萨"你们有时还是去拜拜，要让这些局对你们有兴趣。

院里又要开院务会议，科大不知有没有人出席，我也弄不清。计划局正在准备十年计划、五年规划。我们科技大学也应该设想一下，做个规划。你们刚才报告的极端条件实验室是一个例子，要建设成现代化的。你们至少可以提出10个、8个，对实验室三个字不要看轻，英国的NPL[①]是英国最大的，包括物理、冶金、航空，实质上就是一个科学院，不要光从名字上看。你们有许多小组，如吴杭生小组，天体物理研究室，开始也是一个小组。你们自己可以"偷偷摸摸"组织起来，用不到教务处、校长办公室来批准。只要搞出成绩来，就不怕不承认。

档号：1980-WS-Y-6-7

---

① NPL为英国国家物理实验室（National Physical Laboratory）的缩写，编者注。

严济慈校长在1980年拔尖学生座谈会上的讲话①

（1980年6月13日）

这些意见很重要，意见箱、电灯不亮、吃菜，这些问题都很重要，要帮助解决。管理上要真正有人抓，这些问题是可以解决的。这些问题不光是一个人反映，听起来心情很沉痛，是意料不到的。我本来以为大家主要谈谈关于学习的问题。三千教职员工，才三千学生，一个人管一个都管不好，因此，我心情很沉重。回忆我在科大教课时，我有时讲课讲到12点，甚至12点过了，还有许多人围着我问问题，学生从来不会因为吃饭叫我提前下课的，而且围上来的人总有10个以上。

听起来，大家对教学问题谈得多，对学习问题谈得少。在教师座谈会上，我已谈了个人对教学方面的看法，今天想谈谈如何学习，你们谈得更多的是教学，学习与教学是分不开的，我就从教学问题谈起，再交谈一下学习方面的问题。

我认为你们都是全国优秀的青年，起码考大学时是高分者，因此"吃不饱"这点比较容易理解，现在听起来，不完全是这样，也不是功课太重，而是好像"填"得你们肚子不太舒服，似乎1979级反映得更多些。是不是因为经过1977级、1978级、1979级3个年级，老师更用心，更要提高教学质量，所以讲得太多，这一点我没有调查。我今天先不谈政治课问题，还是先从教学问题谈起。我从前在北京时就这样讲，教书要胆大，不需要准备。要不准备就能讲，需要准备才能讲的就不要讲。你在那里教数学，是靠数学吃饭的，我学数学的并不一定要靠数学吃饭，而你还要准备了才能教？也许你根

---

① 1980年6月13日下午，严济慈校长召开了部分拔尖学生座谈会，与会同学反映了对教学、学习和生活等方面的意见和建议后，严济慈作了讲话。

本不知道，也许你忘记了，这两种理由均不充分，因为你是靠数学吃饭的专家嘛！能照我讲的这样，随口可以说出来，才能做到主席讲的少而精，深入浅出。我在新中国成立前就是这个论点。系里开某些课程，要不要开，能不能开，有什么标准呢？我认为有。如8个人教一门课，必须8个人都能教，并且都愿教，才能开这门课。只有这样，教学法才能讨论起来。只有1个人能教，就不要开。1个人讲，别的人不了解，讨论不起来，不行。新中国成立前，有些所谓的名教授，认为谁也听不懂他的课才算高深。他在骗人嘛！像我这样年纪的人，上学时，老师讲氧气，说氧气是什么呢？就是一个圈，而且是尖的。民国初年教化学就是这样做的。那时中国也有人讲相对论，但谁也听不懂。我在这里讲的对教学的要求，看来是低调，实际上是高调。

科大的教师相对来讲，还是好的。目前初中毕业的教初中，高中毕业的教高中的情况不少。我念中学时，教代数的老师不会教几何，教几何的老师不会教三角，如能教几何就算是高明的了，现实就是这样。我这样讲不是把要求降低了，老师也在进步嘛。中等的同学可能一页一页地看教科书，还是可以看懂的。好的同学，老师要讲1小时的内容他只要看半个小时，而且理解得比老师讲的还好，往往是这样。归根结底，读书还是靠自己。差的老师是误人子弟。因为学生原来兴趣很大，很有雄心壮志，男的要做爱因斯坦，女的要做居里夫人。考进来后，一年、两年、三年，从蓬勃向上到抬不起头来，而不是雄心更大、壮志更大，反而是越来越没有信心，因此是误人子弟，对不起年轻人。但话要讲回来，读书还是靠自己。好的教师是使人的雄心壮志越来越大。20世纪四五十年代，好的学校，北方如清华，南方如交大，主要是"材料"好，学生优秀。但是无论怎样差的不出名的学校也会冒出一两个很有成就的人来。清华、北大，只是平均起来好的要多一点，主要是进来的学生好。我讲的意思是读书主要靠自己，但并不是老师不要了，或不重要。

读书的方法，死记硬背，应付考试不行。习题，我主张多做。一个题目做不出来，说明你没懂，但题目会做出来，并不说明你全懂，因为做题目可能是在凑公式，也许你什么题目都会做。有的书没有题目，懂不懂只有自己明白，能知道不懂在什么地方，到了这种地步，题目可以少做。有时课程都不一定去听，自己能看书，工具，包括文字的和实验的都有，自学完全可以，就不必去听课。到了一定的时候，也不要去看书，因为书总是看不完的，人总不能当会走路的图书馆。要学会查书，到用的时候再去查。一个人在做研究工作正起劲的时候，专心致志，连看书的兴趣都没有了，那是什么事也不管的。

什么叫作能否做研究工作、独立开展研究工作或指导研究呢？要做研究工作，要搞发明创造，要经过训练，要有导师指导，但最难的还是找一个合适的研究题目。导师可以给你指导，例如，要读什么书，看什么文章。可能你找的题目是已经解决的了，也可能是10年、20年也没有希望解决的，有困难时导师可以给你出些主意。找一个什么样的导师好呢？是年老的，还是年轻的？我说各有各的好处，年轻的自己正在工作，你到八点钟去上班就行了，该做什么就做什么，也不用担心明天怎么安排，也许一年半载就出了成果，你和他合写了论文，你只是当劳动力，也许你莫名其妙，还不知道这是怎么回事，也不明白它的意义。在国外做了，回国就做不了，尽管是同样的仪器设备，因为仪器设备的建设也是老师搞的，给了钱也做不出东西来。如果导师是老的，他名声很大，也很忙，他管不了你，3个月不去，也不管你，3年不出成果也不找你。也许你作出了成果，请他看一下，他也没功夫，遇到困难只好自己克服，骂你一句就是最难得的了，这样就要完全靠自己。做工作的过程，就是克服困难的过程，有没有能力，就是能否克服困难，有没有克服困难的决心和信心。培养人，就是培养克服困难的能力。多看几本书，少看几本书，这是无关紧要的。跟这样的老先生，也有好处，因为与他打交道的都是出名的科学家。你的实验在那里，他们来参观、握握手，也可以受到鼓舞。

能不能做研究工作并不取决于他的书读得多少，书读得多的人，往往认为天下事都已经解决了，老师似乎也讲得很好。每个人都有适合自己的读书方法，要靠自己去摸索。有人认为早上读书最好，有人则认为晚上最好，要善于创造适合自己的方法。有的人思想活跃，有的人却十分认真、严格，讲起话来没有第一种人那样漂亮，才华没有那样外露。有的人搞理论强，有的人动手强。决计不会像一个模子刻出来，尽管一个老师教，上的是同样的课，培养出来的人总是各种各样的，总不像工厂里的产品。

我可以讲讲自己读书的历史。我是浙江金华地区东阳县人，现在80多岁了，身体很好。18岁离开农村，到南京读书，才看到电灯，完全是在农村长大的，那时我上的东阳中学里的教书的，教代数的不会教几何，教三角的还是我帮他的忙。有个英文老师很不错，叫傅东华，是《飘》的翻译者，原来是南洋公学毕业的，不知道为什么到东阳来教书。我中学毕业后，1918年到杭州考入南京高等师范，那时，全国有6个高等师范学校。考师范是因为吃饭可以不花钱，考南京是因为近。当时我考了第一名。在我们东阳中学三届毕业生中，我是第一个考入南京高等师范的。为此，浙江省还拨给了县立中学一点经费。现在，东阳中学的升学率也是相当高的。因此我在地方上很出名，不是当了科大校长才出名的。南京高等师范分各种部，有文史地部、数理化部。郭秉文是校长，陶行知是教务长。学校设几个专修科，分商业、农业、师范、体育，这些专修科是3年毕业。数理化都是4年毕业。我报的是商业专修科，因为我英文还可以。当时学校有美国人教英文。一周上20多个小时课，花40多个小时复习就可以了。第二年学校设立了工业专修科，我要求转科，损失了一年，但有的课都上过了，不用上，可以看许多课外书。有位教数学的老师叫何鲁，从法国回来的，使我受益很大。那时，同学们罢课，说听不懂，只有我一个人上他的课。何老师讲的是法国中学里的数学。第三年，我又转到数理化部，上二年级，我往往看书看到别人的前头去。我没学过一个小时的法文，但是能看法文书、做题、写书。我于1923年毕业，没毕业时我就当助教，那时也需要钱。毕业前一年，写过两本书，其中一本是中学的算术，关于加、减、乘、除，很出名，在商务印书局发行的书中销路最大。写书一定要有自己的风格，不能到处剪剪、贴贴、抄抄。我写书前翻翻书，动起笔来后再也不看书，一气呵成。这本书中最后一章讲"用数"，现在可以重印。讲到数目是如何出来的，一是数出来的，二是量出来的，因此有误差的问题，后来有效数学的概念也讲了，可见这个结论至今还是有用的。暑假里我还教补习班的几何，同时就写了《几何证题法》，华罗庚副校长、吴文俊同志当年也读过这本书。现在还有人要我把它译成白话文。去年《人民日报》还登过一篇很长的报道，其中说到一个年轻人在反复仔细地看我的《几何证题法》，原来他就是全国数学竞赛第二名获得者，叫严勇。有人还以为他是我家乡的人呢。人民出版社看到了这篇文章，要求把这本书译成白话文再版。我比较大胆，没毕业就写了这两本书，许多人以为我是数学家。旧社会也很容易出名，我在二三十年代的名气并不减于现在。我23岁那年，考到法国巴黎大学理学院，这个学校不分系，也不分级，一共只有20几门课程，正教授只有20多个，开一门课都要经过国家议会通过。通过一门发1张文凭，只要有3张文凭就算毕业。我一次就考了3张文凭，获第一名，打破了巴黎大学的纪录。因为何鲁、熊庆来从法国带回来的书我都看过，习题都做过。法国最优秀的学生一年也只能考一门。这所大学的教授讲课架子大得很，一个教授带10个、8个助教，连法国人都很少见他。我那次考的是普通物理、数学（微积分）、理论力学。教授口试时说："先生，你的作文是最好的一篇。"那时，我才敢说，我很高兴。我高兴的是考了他的普通物理，更高兴的是同时还考了数学和理论力学。并向他请教我下一步该怎么办？他问我什么时候来的，我说来了一年。他说，你搞过研究吗？我说没有。就这样，我才打开了巴黎大学实验室的大门，开始了科学研究工作。这次去法国，还见到了一位老同学。他是一个学派的宗师，很出名，已经退休了，还来看我。

我1958年在科大讲过课，讲到1965年。1958年以前，我只教过一年书，那是1927年，钱、杨副校长都曾上过我的课。当时，在上海教三个学校的课，南京还有一个学校，每周27学时。从物理到数学，从一年级到四年级都教，我没有时间备课，所以要备课的课我是不讲的。也没有题目，你们做不出的题目，我来，没有一个人能难倒我的，可以吹这个牛。之后，隔了31年，才又来科大教课，这是那3张文凭揉搓得来的本领。有的人两年不教书，就教不了了。有的人往往当了教授以后就当教务长、校长，当了教务长就讲不了课了。华罗庚副校长有句话说，书要越读越薄。我认为，掌握知识要像玩杂技人手中的球，可以随便怎么扔都行，这样才算真正掌握了。我当时教书时，只要和学生随便聊，口试，不消半个小时，就可以从头问到底，学生掌握的深浅程度就知道了。现在的教师对学生往往分不出程度来，也不会出题目，东抄西抄，有的人教了20年的书也是这样。

关于训练，我曾受过法国的训练。我的导师是巴黎大学的法布里教授，他自1880年以来发表的文章，我都一篇篇地读了、研究了。他问我的话，我可以回答得头头是道。我说的这些话，现在听起来，也许没有什么用，但今后回忆起来会觉得有道理的。当时，我们常对法布里教授说，是你给我们开创、指引的路。他说："我已经老了，人老了总是有些经验，有些东西的，我只是摇摇头，点点头，而且是点头多，摇头少，工作是你们做的。"你们现在很活跃，可以互相听课，跨学科，很好嘛。要与各种人合作。从前的仪器都是简单的，两只手都能拿起来，现在都是大型的，抬不动了，电子同步辐射加速器就更重了。你们还成立了科学研究小组，值得提倡。最重要的是基础，基础好了，自己可以摸索，工作几十年，应付各种变化。一个人要有成就，总是要有所牺牲的，法国小说家莫泊桑说过："一个人以学术许身，便再没有权利同普通人一样生活了。"

档号：1980-WS-Y-6-8

严济慈校长在庆祝建校25周年座谈会上的讲话

（1983年9月20日）

同志们：

我今天有说不出的高兴，不知讲什么话好。我昨天准备了一个稿子，我还是想到什么就说什么吧。我现在的心情实在很高兴。

我这次碰到了一个困难的问题，因为我爱人病在医院，我离不开北京到合肥去参加校庆活动。今天我有机会参加北京的座谈会，这使我特别高兴。刚才听了李昌同志的贺信，他说"我特向你们热烈庆贺"，这里的"你们"包括科大本部以及科大研究生院的各位老师、同学和职工。这样说，今天又同时在合肥、北京举行纪念活动，我的心也就安一点了。

我听说，我的一位老同学、老同事赵忠尧教授到合肥参加我们科大校庆，我听了非常高兴，非常高兴！什么人陪他去我不知道，钱校长告诉我说是他的女儿陪他去的。他的女儿在物理方面是很出色的，很有成绩的。他女儿是科大的毕业生，科大毕业生对科大感情深厚，从这上面可以看得出来。赵忠尧同志年纪比我小两岁，身体不比我好多少，居然去了，因为他女儿是科大的毕业生，促成了他到合肥去的。这件事也使我非常感动。

我今天要讲的话，是祝贺大家的意思。我们今天在座的同志在科大刚刚开办时出了很大的力量，如童大林同志，当时他在中宣部，还有张劲夫同志、郁文同志、杜润生同志等。今天，他们有的同志出差去了，有的有别的重要的会，比如张劲夫同志。只有童大林同志今天可以到，这是对我们极大的鼓舞。今天我们到会的，都是为科大卖了很大气力的和现在正在为科大卖大气力的同志，也有许多从前的老师和现在的老师。向仁生同志身体不太好，我们多年没见面了，今天在这个会上见到了。我讲这么多话是什么意思，就是我这心情愉快，我这心情的快乐是祝贺科大本部和科大研究生院。

听说十位同学只能派一位代表来，我们在北京的同学已有两三千人。我们科大的同志都晓得，由于同志们的努力，科大在国内、国外都赢得了很好的声誉。关于这一点我还要特别讲一下，在英国有一本名叫《自然》的杂志上有一篇文章，你们有功夫可以翻一翻，这里面特意谈到中国科技大学，大意是："在中国，一个突出的例子是中国科技大学，它是中国科学院直属的一所大学，这所学校的教职工和学生的保守思想较少，也都比较年轻，成绩也比较显著。"接着就是一些数字说明科大的成绩。这家杂志还说："听说目前中国有人对此持有异议，对中国科大提出批评的意见，事实上中国就需要通过多种途径培养科技人才。中国有句古话，叫作'树大招风'。看来，在科学领域内就需要培养冒尖的能招风的大学。"他们的话也是对我们的一种鼓舞。

今天我实在很高兴，我想各位来参加这个会也是很高兴的。希望我们所有的同志都能够继续下去，再接再厉，把我们中国科技大学办得更好，这是我们大家的一个心愿。好，我的话讲完了。

档号：1983-WS-Y-15-7

严济慈在1984年北京正负电子对撞机和合肥同步辐射加速器工程扩大初步设计审定会开幕式上的讲话①

我还没有坐下来讲话的习惯,我要站起来讲话。这样我可以看到你们,你们也可以看到我严济慈是怎么样的一个人。

我很惭愧,我是一个不会讲话的人,我讲的是东阳话,不是日本的东洋,是浙江的东阳。我有个儿子在这边,所以大家听不懂,可以叫他翻译一下。谷羽同志前几天还专门给我写了一封信,今天早上来也要叫我讲话,叫我讲什么话,请她给我出个题目。听了这么多领导同志讲过话之后,我再讲,恐怕十之八九要重复。我这个人不大愿意重复人家的话,我要讲我自己的话,我也不是从报上看来、从某个文件上看来,然后到这个地方来宣读的。

首先,我非常高兴。我能够有这样一个机会参加这样一个专门性的、实质性的、科学性的、工程性的会议,我估计了一下总有500人上下,让我有说不出的高兴。我今天是第二次到京丰宾馆。第一次是前年,参加物理学会成立50周年的纪念会。我是物理学会的发起人、老会长。那次会议我还带了几张照片陈列在旁边,很引人注意的。是什么样的照片呢?一张是郎之万参观北京研究院的照片,一张是美国的芬米,一张是英国的狄拉克,还有波尔在北平研究院物理研究所实验室里面和外面大笑的照片。我一回想起50年前,物理学会成立的时候,全部会员到齐也才30多人,我也有说不出的高兴。因为我是从旧社会过来的人,是从半殖民地半封建的社会里过来的。所以我现在和你们谈谈过去的事情,对于你们或许还是有一点好处的。台上的人,我大概认识的面孔和名字对得上的恐怕不到一半。我仔细看下面在座

---

① 本文有删改。

的，认识的恐怕不到10%。这个说明什么呢？说明了我高兴的原因，我们中、青年的一辈成长起来了，说明新中国成立以来的科学进步与发展得快。

现在我讲几句我们大家都谈到的工作。关于合肥的同步辐射加速器，建设的经过我知道得比较清楚。开过两次鉴定会，大家都讲过，我就不去重复了。另外要补充一句话，那时方毅同志还是中国科学院院长，他讲，他卖了裤子也要把合肥的同步辐射加速器搞上去！乍一听，这句话不太文雅。但我为有这样的领导而感到高兴。还有一个工程领导小组，以谷羽同志为首，今天到会的张寿同志、林宗棠同志、张百发同志，这个我觉得也是首创的，过去工作还没有过吧。你看，谷羽同志就不用讲了，另三位有计委的张寿同志，有经委的林宗棠同志，有北京市的副市长。所以这就使我们这个工作，能够很成功很快地实现，有了大大的保证。所以我还想，你们这四位领导，同时也要领导合肥同步辐射加速器。你们看，大家都赞成，我想你们四位恐怕不能不接受。

同时我想再讲几句话。在今天这个会上，听到各位的发言，都是希望我们在这两个工作中，大家要打成一片，不但在国内要打成一片，还要和国外打成一片。但是我们实际上的情况呢？我们国内最近许多年，特别是20世纪70年代，好像都是各管各的，互不相往来的，这股风气很盛。那么通过这个工作，我们全体在座的各位同志，在头脑里恐怕都要有一个大的改变。这恐怕是我们最大的希望所在，这两个工作能够如期做成的最大希望。我想读一段报纸上的消息，去年7月8日《人民日报》上，一个短短的消息。现在请你（光召同志）读好不好？

> **协调科研方面的行动，保证科研工作效率**
>
> 欧洲共同体最近建立了一个新的委员会，欧洲科学与技术发展委员会，以协调共同体在科研方面的行动和保证科研工作的效率。这个委员会由共同体10国的著名科学家组成。委员会将重新组织共同体10国的科研计划，以避免人力和财力的浪费，该委员会今后两年的预算为630万美元，用于基础研究和应用研究方面的工作。

就是这样一个简单的消息，我是很有感受的。欧洲他们考虑的问题，是协调科研方面行动，保证研究工作效率，也正是我们几年来在考虑的问题。

我还要补充两句，这个委员会的主任是恩贝托·科伦多，他是意大利原子能委员会的主任，1980年我同他在巴黎一起开过会。他们这个委员会今年6月10日在罗马开会，他在今年二三月份给我写信，请我去参加这个会，旅费和住宿费都由他们掏。我很感谢他，但我不能去。他说你能不能派一个代表来，他们这次谈能源问题，广东有一个能源研究所，我们也准备去人了。我们现在这样大规模的工作，绝不能像从前那个样子。50年前、100年前一个人在家里就可以做工作，这个时代早已过去了，所以包括我在内，我们每个人的思想要大大转变。

今天这个会是个审查会，大家在会上什么话都要说出来，而且不仅是表态，要讲就讲设计方面、工作方面，或是某一方面考虑还不够，某一方面的考虑是不是还可以调整，一定要充分发表意见。大家都是对这个事业，对科学实事求是嘛。一个科学家谈科学不能实事求是，那算什么。你是一个外交家？你是一个政治家？我说我们中国的政治家也不是这样的。恐怕这一点，希望这次会也要作出个榜样。因为现在一般的说法是什么开会多了，什么文山会海，什么鉴定会。譬如我这个单位作出什么成绩了，创造什么发明了，请人家来鉴定。那人家如何讲鉴定会呀？好像三个字。我是说不出来的，一个是吃，一个是玩，还有什么？那么他上报时审定是没有一个不通过的。所以什么鉴定会、学术评论会之类，大家都是看成一文不值的。我们这个会要开个好头，这样多领导同志，这样热的天气，还坐在这边。所以我希望大家发言、提意见，不要顾面子。你们开完会之后，还可以互相指导嘛。高能所和科大的同志可以趁这个机会，好好聊聊，你们自己过去聊过天的人也少。大家聊聊天，多认识认识，多交谈交谈好些。

我还要讲的就是这两个器，是一定会很成功的，而且要快快地做成功。做成这两个器，还不是我们的完全目的，我们造成这两个器，并不是做一个展览会、做一个陈列品，而是要利用这两个器做我们的科学研究工作，这个事情大。从这个意义上讲，可能要有更多的人，投入这个工作，你不能等造成之后，去找这个用的人，那个人你找不到，他没有工具呀，这个工作是一大堆。我也啰哩啰嗦讲了一大堆，我讲完了。

档号：1984-WS-Y-74-2

祝贺与期望

——在中国社会科学院研究生院建院5周年纪念会上的讲话[①]

在中国社会科学院研究生院建院5周年之际，我谨代表中国科学院和中国科学技术大学研究生院，向中国社会科学院研究生院的全体师生员工致以热烈的祝贺！

我们两个研究生院——中国社会科学院研究生院和中国科学院研究生院，建院都已5年，可以叫作双胞胎，是一对孪生姊妹。5年来，我们经常互相交流经验，研究如何办好研究生院的问题。今后，我们应该更加密切地互相学习，互相帮助，互相合作。社会科学同自然科学，从来就是密不可分的。在几百年前，自然科学就叫作自然哲学。那时候，"哲学"两个字概括了所有的学问，所有人类的知识。英国有一本杂志，恐怕是世界上比较早的杂志之一，名字叫《哲学杂志》（*Philosophical Magazine*），它里面刊登的主要是理科方面的论文。可见，在很早的时候，在科学刚刚开头的时候，"哲学"两个字是包罗万象的，自然科学、社会科学都包括在里面。我想这是有道理的。从这里，我们应该得到的教益是什么呢？这就是我们搞自然科学的人，应该向我们的哲学家、社会科学家多领教，多读一点社会科学的书。反过来，做社会科学工作的人，也应该多读一点自然科学的书。所以，我们这两个研究生院，应该手拉起手来，密切合作，互相派人做一些报告，讲一些课。还应该为两个研究生院的研究生多创造一些互相接触、彼此交流的机会。我想，这些都是我们应该做的事情。

青年时期是人的一生中最宝贵的时期。青年人精力很充沛，思想很活跃，求知的欲望很旺盛，所以青年时期是一个人的黄金时期。我的青年时期是在半殖民地半封建的旧中国度过的，所以看到你们这些如此年轻的同学能够在新中国特别是在80年代做研究生，我是很羡慕、很激动的，几乎要流下

[①] 本文刊于1984年《学习与思考》第1期。

眼泪了。你们应该好好珍惜宝贵的青年时期，不要以为来日方长，悠哉游哉，而要抓紧时间努力学习，充实自己。你们现在的一个钟头比起我这样年纪的人的一个钟头，不知道要宝贵多少倍。所以你们一定要珍惜宝贵的时光，努力把自己培养成社会主义革命和建设事业的合格的接班人。

邓小平同志说："80年代是我们党和国家历史发展上的重要年代。"他还提出了我国人民在80年代的三大任务和在2000年以前要抓紧进行的四项工作。这正是你们青年人大显身手、大有用武之地的时候，到2000年那个时候，我们国家的现代化建设能达到什么样的程度，我国在国际舞台上能占据什么样的地位，都要看你们的努力。你们的青年时期处在这样重大的时代，像我这样年纪从旧社会过来的人是非常羡慕的。

你们作为研究生，是成为高级研究人才的一种准备。在这个阶段，你们一定要把自己专业的基础打得扎扎实实，还要使自己的知识面尽可能宽广一点。所谓宽广一点，也是为了专和深。比如我们要挖3~5米深度的一条沟，连1米的宽度也不一定需要；但要挖到500米或1000米的深度，这1米的宽度是一定不够的，你这条沟必须大大加宽到几十或近百米才行。这是我对广和深的关系的一个粗浅的理解。在专精而广博的基础上，你们要抓紧锻炼自己的独创能力。在学术上，一定要有创造或创新，才说得上有什么贡献或成就。我们现在把"研究"这两个字往往用得很随便。有时两人聊天，对很简单的事情随便说两句，也叫"研究研究"。这不是你们研究生的研究，也不是我们研究生院所要搞的研究。我们说的研究工作，就是要创新的，研究的结果应该是从未有过，而又能被别人重复的，得到的看法应该是从来没有人提出过，而又能逐渐被别人接受的，完全是自己创造出来的。这就要求有创造的能力。创造，实际上是一个克服困难的过程。你能够克服这个困难，你的这个问题就解决了，你就有新的东西可以得出来了，也就是说你有所创新了。我想不管是搞社会科学还是自然科学，要作研究总会碰到一些困难的，没有困难还要你去研究什么？困难克服得越多，你解决的问题、得到的结果就越重要，你的创新也越大。所以我们讲一个人能不能独立地做研究工作，就是讲他有没有克服困难的能力。一个人的能力，就是在不断克服困难中锻炼出来的。每当我们克服了一个困难，自然会感到非常高兴。自己在研究工作中解决了一个问题，有了一点创新的看法，取得了一点新的成果，那时候自己内心得到的宽慰，绝不是得到什么奖金、奖品或者看到人家在报纸上给你宣扬几句时所能相比的。

我们处在一个伟大的时代。我们的国家、我们的社会主义事业在发展之中。在党的领导之下，在拨乱反正之后，我们正在开创一个崭新的局面。我相信，几十年之内，我们这个举世景仰的文明古国，必将对全世界、全人类作出伟大的贡献。这一项伟大的工程，这一幅伟大的图景，都落在你们青年人的肩膀上。你们是真正的创造者、建设者，是亲手描绘这幅图景的人，也将是能够得到和欣赏这幅图景的人。所以，以我这样的年纪，是非常羡慕你们的。青年同志们，努力奋斗吧！我衷心地祝贺你们！

认识·预见·行动

——在现代自然科学和社会科学学术讨论会上的讲话①

今天我来参加这个学术讨论会，感到非常高兴。有这么多自然科学家和社会科学家，而且是老中青三代，坐在一起共同议事，这样的机会真是十分难得。我们这个会议开在香山，也是很有意思的。这里空气新鲜，正象征着我们会议的气氛。所以，我今天确实有说不出来的新鲜的快乐。

温济泽同志在开幕式上说，我是这次会议的一个发起人。这大概是指我在社会科学院研究生院建院5周年大会上的一次讲话。那次讲话后来在研究生院的学报上发表了，题为《祝贺与期望》。不少同志看到后说是一篇好文章。我在那里面主要讲了这样一段话："我们搞自然科学的人，应该向我们的哲学家、社会科学家多领教，多读一点社会科学的书。反过来，做社会科学工作的人，也应该多读一点自然科学的书。所以，我们这两个研究生院，应该手拉起手来，密切合作，互相派人做一些报告，讲一些课。还应该为两个研究生院的研究生多创造一些互相接触、彼此交流的机会。我想，这些都是我们应该做的事情。"在那次讲话之后不到一年的今天，我们就能在一起开这样一个讨论会，这已经超过我的期望和祝愿了。所以，我的心情是非常激动的，我衷心希望在座的各位同志都能够解放思想，畅所欲言，共同把会议开好。我虽然不可能参加每一天的会议，但对于会议讨论的结果和写出来的文章，我一定要很好地学习。

自然科学和社会科学的结合，这是一个既新鲜又古老的课题。2000多年以前，古希腊的大哲学家柏拉图曾说过一句话："不懂几何的人不能进我的门。"科学史上的许多伟人，都既是自然科学家，又是哲学家、社会科学家。例如十六七世纪法国的大哲学家笛卡儿，他同时就是一位伟大的数学家和物

---

① 本文刊于1985年《中国社会科学院研究生院学报》第2期，并收入《论现代自然科学与社会科学的结合》（湖南人民出版社1986年5月出版）一书。

理学家。在他的名著《方法谈》里有这么一句话，大意是：为了达到真理，一个人在他的一生中，往往要一次地抛弃他所接受的全部意见，并且要从头开始，重新建立他的知识体系。在我们探讨学科结合和科学发展的问题时，这句名言也是很值得我们思索玩味的。

我自己几年来想了一句话，还不成熟，讲出来请大家指正。我要说的是："认识是为了能够预见，预见是为了指导行动。"意思是说，我们进行科学研究，认识事物发展的规律，是为了预见事物的未来，进而决定我们应该采取的行动。我们的行动，取决于我们预见到的趋势。当然，我们的行动不一定完全成功，会碰到各种困难，但这正能促使我们回过头来，重新考察自己的预见，从中发现自己的认识不够完善的地方。所以，行动的结果又能帮助我们提高认识。这也就是我们所说的，实践是检验真理的标准。不论是搞自然科学还是社会科学，不论是研究自然界还是研究社会、研究人，目的都是一个，即为了促进我们的社会和人类本身更好地向前发展和进步。可见，自然科学同社会科学是完全能够密切结合的。时代发展到今天，这种结合更成为十分迫切的需要了。拿我们做自然科学工作的人来说，你辛辛苦苦得到的研究成果，究竟是为人类造福，还是给人类造成危害呢？这在很大程度上是自然科学家自己做不了主的。虽然你是出于好心，想的是为人类谋利益、谋幸福，但是，你的创造发明究竟能得到什么样的社会效果，这完全要看它被掌握在什么人的手里，被用于什么样的目的，而这就正是社会科学家所要研究和解决的问题了。譬如大家都知道的原子能、核能，是作为能源来造福人类，还是作为武器去毁灭人类，这个决定权就不是属于物理学家，而是属于政治家了。从这个意义上讲，自然科学家与社会科学家就应该多进行一些接触，多交换一些意见。

总之，自然科学和社会科学、自然科学家和社会科学家，今后一定要更好地结合，更多地合作。只有这样，我们的科学事业才能更快地发展和进步。

严济慈在中国科学技术大学研究生院庆祝第一届教师节大会上的讲话①

（1985年9月10日）

今天，我来到研究生院和大家一起庆祝我们中华人民共和国的第一届教师节，参加我院第八届研究生的开学典礼，心里非常高兴。

让我向全体教师们致以热情的节日祝贺和崇高敬意！

向为教育事业辛苦工作的各位领导和职工同志们表示深切的慰问！

向我们科学事业又一批新的接班人——1985级的研究生们，表示衷心的祝贺！

今年的1月21日，在六届人大常委会第九次会议上，审议通过了关于建立"教师节"的议案，决定每年9月10日为我国的教师节，这是教育战线上的一件大喜事，它体现了党和国家对广大教师的重视和关怀。小平同志指出："四化"建设的关键是科技，教育是基础，教育是我们的战略重点之一。教育战线的任务，是育人、育才，这关系到一个国家的文明和发展，一个民族的素质和修养。没有全民族文化的普遍提高，没有大批的各级、各类的科学技术人才，要搞现代化，是办不到的。

我们的教师既要教书，又要育人。他们的劳动直接关系到国家的未来。他们是辛勤的园丁，是人类灵魂的工程师。他们的劳动既辛苦又光荣，他们为国家、为人民作出的贡献是不可估量的。我们的教师理应受到尊重，教育工作理应受到重视。今天我们在这里庆祝教师节，体现了党和国家对广大教师的重视和关怀。

当然，尊重教师，重视教育事业最重要的是实实在在地采取措施为教育战线、为广大教师办实事。国家为中小学教师工资的改革，教师政策的落

---

① 本文转自《严济慈科技言论集》（上海教育出版社1990年11月出版）。

实，增加教育战线的投资……已做了大量工作。

我们研究生院的新校舍建设，在教育战线大好形势中，在中国科学院和北京市委的直接关怀和支持下，已经破土动工了，这是一件大喜事。我们研究生院是1977年9月党中央、国务院批准建立的第一个研究生院，到现在8年了。这些年来，大家艰苦创业，勤俭建校。我们的教师、领导同志、职工同志们都在板房里办公，把仅有的楼房给同学们用，他们是很辛苦的。今天，我们庆祝教师节，更要强调尊敬教师，尊敬领导，尊重教职工的劳动，要形成尊师爱生的良好校风。

我们的广大教师在庆祝自己节日的时候，除了增加光荣感，更要增加责任感，增强忠于教育事业的感情，进一步努力搞好教学工作，为祖国的"四化"大业培养人才而奋斗终生。

同学们，研究生院虽说只有8年历史，但有得天独厚的条件，那就是中国科学院各所和中国科学技术大学的支持。中国科学院京区有40多个研究所，包括数、理、化、天、地、生、新技术等各学科专业的一大批优秀科学家，研究生院有80多位具有25年教龄的老教师，这些学识渊博、有丰富治学治业经验的老前辈们做你们的导师、教师，还不是得天独厚？所以，希望你们珍惜这宝贵的条件和大好时光，学习和发扬前七届老同学们艰苦奋斗、刻苦学习的精神，与研究生院的教职工们一起，克服校舍条件的暂时困难，更好地完成学业，为接好现代科技事业的班，打下坚实的基础。

最后，祝愿研究生院的广大师生员工，团结一致，沿着党中央指引的方向，继续深入地搞好教育改革工作，不断改善办学条件，为国家"四化"建设事业培养出一批又一批高质量的人才而努力奋斗。

严济慈名誉校长在建校28周年庆祝大会暨1986级新生开学典礼上的讲话

（1986年9月22日）

同志们、同学们：

今天我又跟大家见面了，看到你们这些朝气蓬勃的年轻人，我从心底里感到高兴，觉得自己似乎也年轻了。当年我与大家在郭老的领导下共同创办科大，28年来，科大经历了顺利发展和艰难曲折的两方面的考验，我们同甘共苦，心心相印，看着科大成长发展到今天，成为一棵"招风的大树"，看到科大毕业生遍及海内外，成为科研、教学、生产、建设、管理等各种岗位上的骨干，还有不少人走上各种重要的领导岗位，我感到由衷的自豪和骄傲。同时，我作为名誉校长，深深地感谢大家，是你们用自己的汗水和心血为科大赢得了声誉。

科大这两年在学校领导班子的带领下，在安徽省和合肥市领导的亲切关怀下，取得更加可喜的成绩，科大已经正式列入国家"七五"期间重点建设的大学之一，校区扩建第一期工程已经动工，合肥国家同步辐射实验室已列入国家重点项目，进展顺利，还建成了结构中心、计算中心等重点实验室。一句话，教学科研成果卓著，每年新生高考成绩居全国之首，今年又有11个省理工科"状元"进入科大，本科毕业生去年有85%、今年有83%考上国内外研究生，连续两年在CUSPEA考试中夺魁，今年全国预选合格73人，科大有33人，其中第1、2、4、5、8、9、10名均为科大夺得，这7名中有4名是少年班学生，最小的才16岁。

今天在座的新生都是各地高考的尖子，你们是科大的新鲜血液，一定会给科大带来新的生机和活力，借此机会，我给大家提出三点希望：

一是希望你们要继承和发扬科大"勤俭办学、艰苦朴素、红专并进、团结互助"的优良校风，为振兴中华而努力攀登科技高峰，你们虽然都是各地的尖子，可是来到人才济济的科大，一切都得从头开始，你们要勤奋学习，坚持不懈，脚踏实地，胜不骄，败不馁，不达目的誓不罢休。

二是科大历来有发扬民主的好传统，有宽松和谐的环境、活跃浓厚的学术气氛、锐意改革的进取精神，因此大批年轻人才得以脱颖而出，希望你们要十分珍惜这一切，要主动积极地努力学习和工作，有所发明，有所创造。

三是要加强精神文明的建设，真正成为有理想、有道德、有文化、有纪律的新人，要遵章守纪，爱校如家，尊师敬长，团结友爱，养成集体合作的习惯，在今天的科学工作中，只有集体的努力，才会取得重要的成就，作出巨大的贡献。

希望大家珍惜年华，不负众望，发奋努力，去攀登科学技术的高峰！

档号：1986-WS-Y-11-2

严济慈在中国科大北京校友会成立大会上的讲话①

（1988年2月7日）

亲爱的校友们、同志们：

今年是党的十三大以来全国人民迎来的第一个新春，也是我们中国科大进入"三十而立"的一年。在这喜庆的日子，中国科大北京校友会正式成立，我和大家一样，感到由衷的高兴。

早在1956年，国家制定了《十二年科技发展远景规划》，中国科学院迫切需要补充高质量的科技人才。1958年5月，郭沫若院长提出由中国科学院办一所新型理工科大学的建议。张劲夫同志积极响应，并向中央报告。聂荣臻副总理将此事向周总理汇报，周总理十分赞成。6月2日，邓小平代表书记处批准创办这所大学。同年9月20日在玉泉路这个校址正式开学。

我们的母校是在"全院办校，所系结合"的方针下经过短短的四个月，从无到有地建立起来的。我要特别强调一下：全院办校就是整个中国科学院来办科大；所系结合就是科学院的研究所和科大的系紧密结合，当年的系主任都是所长兼任的。我们的母校得到了党和国家以及中国科学院的直接关怀，也凝聚了老一辈无产阶级革命家、科学家和建校师生员工的心血。她的诞生是我国教育史和科学史上的一件大事。

科大建校伊始，郭校长就为我校制订了"勤俭办学，艰苦朴素，红专并进，团结互助"的16字方针，这是母校的优良传统。今天在座的，无论是老校友、新校友，当我们共同回忆起那峥嵘岁月的往事时，内心都充满着对老校长和历届校领导的无比崇敬的心情，同时也感到母校肩负责任的重大和光荣。

---

① 本文刊于1988年4月15日第221期《中国科大》。

科大经历了八年初创、十年动乱和十二年发展壮大的三个历史时期。无论是在哪个时期，科大全体师生员工都保持着优良的校风。30年来，在教学、科研等方面取得了可喜的成就，受到党中央和国内外友人的高度赞扬，已成为在国内、国际有重要影响的大学之一。科大向国家输送了一万多名优秀科技工作者，他们大都已成为祖国"四化"建设的骨干力量，在各条战线上作出了很好的成绩。

当然，我们也要清醒地看到，母校在发展和建设过程中还存在不少亟待解决的问题，需要全校师生员工和历届校友付出更大的努力。

北京是科大校友比较集中的地区。校友们都十分怀念母校，关心母校的建设，迫切希望成立北京校友会。这一愿望今天终于实现了。

我相信，北京校友会不仅是一个联络感情、交流经验的场所，而且也将成为母校与社会进行广泛联系的桥梁。为"育天下科技英才，树世界大学红旗"和祖国"四化"建设作出应有的贡献。我衷心预祝科大北京校友会在各方面取得优异成绩。

最后我讲讲自己与科大的关系。1958—1964年，我在科大兼课，而且就在这个大礼堂上课，老的校友都能回忆起来，我在科大兼课达6年之久。这在我一生中是非常有意义的事情。特别是现在看到科大和研究生院取得的成绩，我心里很高兴。记得在科大研究生院创办时，我曾在《人民日报》发表文章《为办好研究生院而竭尽全力》。我希望大家把工作做得更好。

我今天参加这个盛会，心情很激动，我的心情绝不是我的语言能形容的。

谢谢大家。

严济慈在1988年中国科大校友总会成立大会上的讲话

(1988年9月19日)

各位校友：

今天参加中国科技大学的校友总会成立大会，同学们欢聚一堂。我到别处参加各种会议，往往有几个人跑到我的旁边同我讲："我是您的学生。"这话我听了比什么都高兴，更不用说像今天这样的场面。我想，校友总会究竟要做什么事，大家已经说得很多了，很对，我都赞成、拥护。我们应该帮助这个学校，让母校能够更好更快地发展。大家捐了钱、买了石头、立了郭沫若老校长题词的碑，这都是好事，这样的事，以及类似这样的事，我希望我们的校友会还要尽力地去做。不过我想补充一句，我们校友会希望母校一天一天地发展的。因此，我们的校友会还有一个很重要的任务，就是对母校起一点监督作用。

档号：1988-WS-C-38-3

严济慈名誉校长在建校30周年庆祝大会上的讲话

（1988年9月20日）

同志们、朋友们、来宾们：

今天我们欢聚一堂，共同庆祝中国科学技术大学建校30周年，我感到由衷的高兴，我作为中国科技大学的名誉校长，向远涉重洋来参加30周年校庆及郭沫若铜像揭幕仪式的外国来宾，向在科大工作的全体外籍教师，向来自祖国各地的科大校友们表示热烈的欢迎和衷心的感谢，向科大的教职员工和同学们，向领导和支持科大工作的中国科学院，国家教委，安徽省委、省政府，合肥市委、市政府领导表示衷心的感谢和崇高的敬意。

中国科学技术大学是中国科学院于1958年为适应科技事业发展需要而创办的一所新型的、具有中国特色的理工科大学。她的创建受到党中央、国务院和周恩来、邓小平、聂荣臻等老一辈无产阶级革命家的关怀，是我国教育史和科学史上的重大事件。建校以来，郭沫若校长倡导建立了"勤奋学习、理实交融、红专并进"的校风。科学院贯彻"全院办校，所系结合"的方针，把办好科大、培养高水平的科学技术人才作为一项重要的战略任务来抓，学校得以迅速成长。20世纪六七十年代，学校经受了不少艰难曲折，但是科大的广大师生员工和学校领导并没有被困难和挫折所压倒，而是团结一致，艰苦奋斗，自强不息。十一届三中全会以来，在党中央、国务院和中国科学院、国家教委、安徽省委的领导支持下，率先拨乱反正，提出并实施了一系列改革、开放措施：形成了一支忠于党的教育事业、艰苦奋斗、勇于进取、思想活跃、年富力强的优秀的教师、干部队伍，重视基础理论的研究和教学，加强应用技术和实验技能的训练；形成了培养学士、硕士、博士的完整体系，培养了一大批优秀的科技人才；建成了一批高水平的重点实验室，取得了一批具有国内外先进水平的科研成果，成为一所科学与技术、教学与科研相结合，发扬社会主义民主，提倡学术争鸣，年轻人才较多，国内著名、国际上有较高声誉的高等学府。

回顾科大30年的历程，我深深感到科大取得的成绩来之不易。之所以能取得这些成绩，首先是由于受党中央、国务院以及中国科学院、国家教委、安徽省委的领导和支持，有老一辈无产阶级革命家、科学家的亲切关怀。值得指出的是，广大教师、干部在困难的条件下，坚持在科大这块教育园地里团结一致，同舟共济，艰苦奋斗、辛勤耕耘30年，用你们的心血和汗水，浇灌了科大这朵教育园地里的奇葩，用你们的青春年华换来了科大今天的荣誉。我作为科大的名誉校长，再一次向科大的教师和干部致以崇高的敬意。

为了在改革开放的新形势下，继续办好科大，"创寰宇学府，育天下英才"，借此机会，给大家提几点希望。

一是希望你们进一步加强领导班子的建设，以党中央的路线、方针、政策统一思想，在谷超豪校长、刘乃泉书记的带领下，充分发扬社会主义民主，加强调查研究，倾听师生呼声，紧紧依靠科大的教师和干部队伍，一切从实际出发，以大胆创新、坚持改革的精神，努力争取把科技大学办成世界第一流的高等学府。

二是希望你们继续贯彻和发展"全院办校，所系结合"的方针。中国科学院要把办好科大作为一项为科学院、为国家培养优秀人才的战略任务来抓，进一步加强对科技大学的领导和支持，关心科技大学的建设和发展，使中国科技大学真正成为中国科学院和国家培养优秀人才的重要基础。当前，学校要适应中国科学院的办学方针，继续重视瞄准国际先进水平的基础研究，大力加强新兴的高技术和新技术领域的研究开发，积极扶持具有自然科学和现代实验技术背景的管理学科，为中国科学院和国家其他部门培育输送各类优秀人才。

三是希望你们要继续重视基础课教学。使培养出来的学生具有宽厚坚实的基础理论知识和现代的实验技能，使他们在走出校门参加工作后，有较强的适应能力，有较大的"后劲"。要加强基础课教学，就必须采取切实有效措施，保证高水平的教师能精心从事基础课教学和实验技能的训练；必须加强实验室，特别是基础课实验室的建设和教材建设；必须进一步办好图书馆；必须加强教学管理，对学生既要严格要求，又要充分调动学生学习的主动性和创造性，培养他们严谨治学的作风和开拓创新的能力。

四是希望你们进一步实行对外开放政策，进一步加强国际学术交流。十一届三中全会以来，我校全面贯彻对外开放政策，派遣了大批师生到国外进修、访问、讲学，不少人在国外取得了优异成绩，为科大，也为中国科学院，为我们国家争得了荣誉。已经回国的教师，在教学、科研、管理等岗位上发挥了骨干作用，更新了教学内容，提高了科研水平，增强了学校培养人才的能力，缩短了与先进国家的差距。开放政策给科大带来新的锐气和局面。要把科大办成世界第一流大学，必须继续实行开放政策，进一步拓宽渠道，广开门路，瞄准国际先进水平，围绕重点学科建设，建立各种形式的国际合作关系，逐步形成若干重点学科的国际学术中心。

五是希望你们继承和发扬郭沫若校长倡导建立的"勤奋学习，理实交融，红专并进"的优良校风，按照德、智、体、美、劳全面发展的要求，把学生培养成为既有远大的理想和抱负，又有严谨踏实的工作作风；既有独立分析问题和解决问题的能力，又有高度配合协作的集体主义精神；既掌握坚实的科学基础知识和实践技能，又具有创新、开拓、竞争能力的、能够从事高水平的基础理论研究，高新技术应用开发及现代管理的各类科技人才。要按照党的十三大精神，切实加强学生思想政治工作，对他们进行坚持社会主义方向，热爱社会主义祖国，拥护中国共产党的领导，献身科学事业的教育，要发扬社会主义民主，提倡学术争鸣，继续创造优秀人才脱颖而出的优良环境和气候，为我国的现代化建设培养更多的高质量的科技人才。

今天在座的有不少科大的老领导、老校友，你们中间许多同志都曾亲自参加过学校的筹建和创办，为科大的建设和发展出过力、流过汗。虽然你们现在已不在科大工作了，但是，我深深地感到，你们依然心系科大，希望你们今后继续关心学校的成长，为科大的建设献计献策、添砖加瓦。

我相信，有党中央、国务院的亲切关怀，有中国科学院、国家教委和安徽省委的正确指导，有30年的优良传统，有一支优秀的年富力强的教师队伍和干部队伍，有全校师生的共同努力和海内外校友的热情支持，科技大学一定能够不负众望，办得更有特色，更有成效，为我国的社会主义建设作出更大的贡献。

档号：1988-WS-C-38-16

严济慈在1991年合肥国家同步辐射实验室验收仪式上的讲话

(1991年12月26日)

各位同志们：

今天我特别高兴，因为我又来到安徽，回到了中国科大，并且亲自看到了我7年前参与奠基的合肥国家同步辐射实验室通过了专家鉴定和国家验收。俗话说"人逢喜事精神爽"，所以我今天精神也特别好。我今年已过了90岁，很少出远门，但是我特别喜欢来安徽，回科大。到科大，我就觉得年轻多了，因为中国科大是安徽省和全国人民以及中国科学院的骄傲，也是我的"掌上明珠"，我每次来都看到她放出新的光彩。

合肥国家同步辐射加速器是一项尖端、巨大、复杂的高科技工程，从1983年国家计委批准立项，经过8年的艰苦奋斗，现已正式建成，而且它的设计、制造、安装和调试全部由我国科技人员独立完成，主要指标都达到世界先进水平，造价也是世界上最低的。这实在是很不简单的，它充分显示了我们中国人的聪明才智，我特别高兴的是看到承担这项高科技科研工程的主力是我们党自己培养的一批中青年科技人员，他们自力更生，艰苦奋斗，不畏艰难，勇攀高峰，把加速器工程当作自己终生的事业，这是一种最可宝贵的精神。

合肥国家同步辐射加速器是我国第一台专用同步辐射加速器，也是中国科学院在核物理领域的又一个重大科研工程。它的建成标志着又形成一个重要的多学科综合科研基地。它建在中国科大更有特别的好处，因为中国科大一贯具有教学与科研相结合的优良传统，并以"年轻人才较多"而著称，因此，加速器的建成将促进年轻科技人才的茁壮成长，尤其是新兴交叉学科的学术带头人的大批涌现，这对我国科技事业的发展必将产生深远的影响。

在庆贺合肥国家同步辐射加速器建成的时刻，我要衷心感谢安徽省、合肥市各级领导和人民，以及科技界的同仁们多年来对中国科大和合肥国家同步辐射实验室的建设和发展所给予的大力支持和各种帮助。我希望我们科技大学同步辐射实验室的全体同志，我们中国科大的全体师生员工，今后要再接再厉、戒骄戒躁，为发展科技、振兴经济、建设"四化"作出新的贡献！

档号：1991-WS-Y-22-2

严济慈名誉校长在建校35周年庆祝大会上的讲话

(1993年9月20日)

同志们,同学们:

今天我很高兴又回到了科大,从1988年校庆30周年到今天,5年的时间里我是第三次来科大,每次来都看到很多变化、很多进步,感到十分欣慰。这次来,看到了汤洪高校长、余翔林书记等新一届更年轻的领导班子,他们有活力、有朝气,既踏实能干,又有创新精神,提出了第三次创业的奋斗目标,我感到很高兴,也很喜欢他们。看到他们,我自己也觉得年轻了许多,好像不是93岁,而是63岁,就像回到1963年的情景,那时科大有了首届毕业生,全校师生欢欣鼓舞,喜气洋洋。我还知道,新领导班子和他们提出的第三次创业,得到了全校师生的拥护和支持,也得到了中国科学院、安徽省的支持和肯定,我感到很高兴,我相信他们一定能带领师生员工取得成功。在这里,我也希望科大的校友们,并通过你们争取社会各界,一起来关心科大、支持科大。

中国科大是中国科学院创办的,科学院办教育是中外教育史上的创举,也是中国科学院对国家的很大贡献,科技大学当然更没有辜负科学院和国家的希望,在人才培养、科学研究、师资建设、校风学风养成以及校园建设等方面都作出了很好的成绩。建校35年了,我一直看着她成长,像自己的孩子一样,一天一天长大,一点一点成熟起来,越来越有出息,成为我的"掌上明珠",我心里有说不出的高兴。

现在,我们国家正在进一步改革、开放,中国的教育事业也处在发展的新时期,竞争很激烈。学校要发展,就必须创业。我很高兴科大人没有骄傲自满,没有固步自封,而是在成绩面前看到不足,在前进中看到困难,以创新的精神提出了第三次创业。这种精神就是科大传统的精神,也是科大虽然历尽磨难又能迅速发展起来的根本保证。今天，我和大家一起庆祝建校35周年，一方面是总结过去的经验，一方面是进一步展望未来。科大下一步发展已经有了一个规划，明确了发展总目标、发展方针和措施，我看了，感到是个很好的方案。我几年前提出过，科大要"创寰宇学府，育天下英才"，这与第三次创业的总目标是一致的。要实现我的这个愿望，就要靠新领导班子领导大家进行第三次创业，要靠全体教工勤奋教学、努力科研，更要靠同学们刻苦学习、早成大器和报效母校、报效祖国。我相信经过第三次创业，这个愿望一定能很快变成现实。

今天，我的心情很愉快，我在这里也祝愿大家节日愉快，事业成功！

谢谢大家！

档号：1993-XZ11-32-4

严济慈 科学之光

片言灼见

片言灼见

1978年4月20日上午，中国科大举行盛大报告会。

> 我对科技大学是很有感情的，我希望把科技大学办成世界上第一流的大学。我是科技大学的副校长之一，又是科学院的副院长之一，还是科技大学研究生院院长，所以我应当做一个科学院、科大、研究生院之间很好的联络人，否则怎么能对得起党和人民？怎么能对得起科技大学的各位同志？怎么对得起同志们的期望？

档号：1978-WS-C-29-2

1978年4月21日下午，严济慈和马大猷、王守武等同物理系各专业负责同志座谈。

> 我们这次来校的2、4系6位正、副主任虽然都在北京，但要碰到一起研究问题的机会还是不多的，这次要趁同时来到合肥的机会，同系和物教的同志在一起好好研究一下如何加强物理基础课教学的问题，如果我们谈得深一点，也许在全国能起到一点作用。

档号：1978-WS-C-29-3

1978年4月22日下午，严济慈和部分物理学家同物理系、近代物理系、物理教研室部分教师座谈。

> 我们集聚一堂，在北京也不会有这样的盛会，我们北京的几位在北京碰在一起的机会也不多。在座的物理系、近代物理系、物理教研室，加上兼职的同志，力量还是很强的。如何办好科大和物理有关的系、教研室，大家一起谈谈。谈得好，对其他系、教研室也可参考。就李昌同志说的，加强基础，办好专业，分前期后期、发展方向等问题，交换意见。三个单位关系很密切，有什么问题提出来。一些具体的建议性的意见，可以提提。我来快一周了，看到了这几年大家在非常困难的条件下做了许多工作，很努力，有成绩。上午我们到光机所看了一下，比起光机所来，我们这里是太挤了，光机所的条件是很好的，我在国内外都没有见过。
>
> 法国讲物理，极为重视表演，常由教师带几个助教、实验员讲

课，讲台像舞台一样。他们不重视写黑板，法国学校的表演设备是祖宗几代传下来的，很粗糙，是艺术品，这样给学生印象深，有教育意义。

做实验不是为了见识见识，而是为了培养学生的实验技巧。

档号：1978-WS-C-29-7

1978年4月27日下午，严济慈、杨海波、李森与部分教授和讲师座谈。

今天的会很重要，同志们讲了很多重要意见。我们刚到，前几天开了三个半天座谈会，以后参加的人可广泛一些，有些问题大家可以随时向杨书记提出，要想出一些具体办法。要把科技大学办好的决心是很大的，加强学校领导班子就是例子，大家提出要有一些科学家待在合肥，李昌同志一直在打算，正在努力争取实现。现在局面很好，院里一定要把合肥办成一个中心，要办八号装置，科大的同步电子辐射加速器，院里考虑把上海光机所的点燃装置搬来，国务院所属工业部，有的也想在安徽办一些研究所，安徽省也要办一个农业方面的研究所。李昌同志还有一些想法，一方面发挥科大现有的力量，另一方面请北京、上海所里的同志来讲课，我来之前是很兴奋的，现在就更加兴奋了。

档号：1978-WS-C-29-18

1980年6月9日下午，方毅、严济慈在稻香楼听取学校领导的汇报。

今天看了食堂，伙食不错。同学们中午吃一碗鱼二角五分，这样一天就花七八角，一个月就要二十四、五元，助学金只有十八元，一个月还差七八元，经济困难的学生你们看到没有？

档号：1980-WS-Y-6-4

1980年6月10日上午，方毅、严济慈召开了部分教师座谈会。
当龚昇教授说李昌问中国科大能不能培养出院士时，严济慈说：

如果中国科学院评院士，科大起码有10位。现在科大就有两个

片言灼见

院士，我和华罗庚，北大、清华就一个也没有。

当物理教研室讲师戚伯云谈到学校教材建设较为薄弱，物理课没有自己的教材，应把严老、钱老讲授的经验加以总结编成教材时，严济慈说：

> 你们为什么不写？我23岁那年就编了一本初中的教科书，销路在同类教材中是最广的。还编了一本《几何证题法》，华罗庚还学过这本书，这本书是用文言文写成的，去年出版社还叫我译成白话文再出版。你们在座的都可以写教材，总比我23岁时高明，还是你们自己思想不解放，其实你们可以编几十本、几百本。

档号：1980-WS-Y-6-5

1980年6月10日下午，严济慈在学生座谈会上发言。

> 这个会开得很好，大家抢着讲话，非常踊跃，我很高兴。你们讲的内容，不论是生活、教学方面，还是文字方面的问题，听起来心情很沉重，好像是一塌糊涂。但是谈的时间又高兴地笑起来了，说明你们不是绝望的，而是有希望的。我还想问一句，你们讲到教师讲课效果不好，好像多得很，听课的不到半数。你们在座的同学，不是由于生病不去上课的，举个手好不好。我想，我当时讲课，六七百人听，教室外面还有好多人听，钱副校长不也是这样嘛。（同学说：你讲得好嘛。）

档号：1980-WS-Y-6-3

1980年6月11日上午，方毅、严济慈和少年班师生举行了座谈。

> 听了方副总理的讲话，得益不少。古今中外、历史地理、科学文艺，我们怎样做学问，怎样锻炼，怎样创造发明，都谈到了。古话说："听君一席话，胜读十年书。"我们听了方副总理的话，一辈子也会受益不少。科技大学少年班的学生、老师，包括我这个校长在内，都会受益不少。你们可以抽个时间扯一扯、凑一凑，交流一下，把自己听到的、理解的、体会的写出来，我看年年都可以去看看。这是不夸大的，我们一辈子都会受益不浅的。我再问一下，亚历

山大港在什么地方？（少年班一个同学答：在非洲的北海岸。）不错，小朋友们知识面还不错。再考一下，徐霞客、司马迁是干什么的？什么时代人？（少年班一同学答了出来）。方毅副总理真正是做到了行万里路，读万卷书。我看，当初在安徽革命时，恐怕就走了上万里路了。

档号：1980-WS-Y-6-6

1980年7月23日下午，中国科大第二次工作会议举行全体会议。

科学院领导非常关心科大，这是科大的最大优势。方毅同志在6月30日的院务会议闭幕式上的讲话，十分之九讲的是要办好科技大学的问题。李昌同志也十分重视科大，重视教育。

现在专业愈分愈细，愈分愈窄，另一方面又说要加强基础，知识面要宽，这个矛盾怎么解决？成立专业，第一要看有没有必要，第二要看有没有条件。系和专业不能分得太细。裘威国给我的信，信封上看他是数学物理系的，吴式灿是机械系的，但他搞的是空间物理，科大天体物理研究室的同志没有一个是学天体物理的。听钱临照同志说，1962年我在广州会议上说的关于科大要成立零零系这句话已经成为名言，我们要把基础搞扎实。

档号：1980-WS-Y-8-13

1980年7月24日上午，中国科大第二次工作会议继续举行全体会议。

科大很开放，出名的教授少，但中年的力量相当强。

图书资料最省钱，但就是卡得那么紧，还得去向人家募捐，实在丢脸，科学院有1000万元机动外汇，才用了不到500万元，要建数学中心，你们可以请华罗庚同志出面去要嘛。

"中心"两个字，个人体会不同，中心不能自封，作出成绩来就自然形成。数学系在科大很突出，很有成绩。中国人很聪明，搞数学不要设备，不要条件，这就是搞数学的有利条件。合肥要形成数学中心，曾肯成应该安心在合肥工作。

档号：1980-WS-Y-8-5

1981年10月，严济慈来中国科大检查工作。

科大学制不要太长，从前别人6年，我主张4年，现在别人4年，我可以办4年，但不降低5年质量。比如1982年招的学生4年，1982年以前招的学生何时改，研究好了再谈。大学5年，研究生3年，8年太长。学制问题，我不主张太长，当时科大定为5年是在北大由5年改为6年的时候。分系问题，系的分或者合，都是为着发展，为着前进，合与分都要把情况摸清楚。物教想升格为系，现在研究所都想分的。我看到时候可以各成立几个系。但不能说分好还是合好，有时候分有利于工作，有时候合有利于工作。

搞科普活动，这很好，可培养学生的动手能力，学校应该支持搞下去。

实验员这个制度好不好，值得考虑。我们的同学学风很好，学校应该想办法给同学们开放实验室。各系、各个专业的实验室都应做一些开创性的工作，形成风气。

教师不能开课的，以后就不要开，要开就要能拿得起、放得下。

我们科技大学主要是为中国科学院各研究所培养人才，否则我们科学院为什么要办科技大学呢？科技大学主要是培养研究人员，这一点应该明确。

老大学没有一个不做研究工作的，做研究工作多在助教年代。

科大进来的学生这么好，到科大来变坏了，五门课不及格，到底是学生的问题，还是教学的问题？

到校讲学的同志都是抽时间来的，他们所里的工作很忙，要他们脱开所里的工作到这里讲一个学期的课是不可能的，但可以争取在这里讲较长一段时间。

所系结合，两方面都有责任，作为科大这方面，我们要去做，要主动去做，我们不能指望所里找到科大，应该主要是科大找到所里去。

档号：1981-WS-C-33-1

严济慈 科学之光

贺电贺信

1977年11月26日，李昌、严济慈、华罗庚贺电：

> 热烈祝贺七四级学员毕业！希望全校师生员工再接再厉，团结战斗，继往开来，勇攀高峰！

档号：1977-WS-C-22-4

1978年3月11日，严济慈、华罗庚贺电：

> 在热烈庆祝五届人大胜利闭幕，喜迎全国科学大会召开之际，我们中国科技大学新的学年开始了。热烈欢迎来自祖国各地的新同学，为攀登科学高峰，为实现四个现代化到科大来学习。祝贺在校的老同学胜利地跨入了新的学年。预祝大家在今后的学习中，取得优异成绩。

档号：1978-WS-C-27-5

1978年9月14日，严济慈贺信：

> 欣闻学校即将隆重举行20周年校庆活动，我向同志们致以热烈的祝贺。
>
> 科技大学创办20年来，在伟大的领袖毛主席、敬爱的周总理和老一辈无产阶级革命家的亲切关怀下，在院党组和郭校长的直接领导以及全校同志们的共同努力下，成绩卓著，誉满全国。她经受了阶级斗争的严峻考验，不愧为一所"迎接着永恒的东风把红旗高举起来"的新型革命大学；她培育的近万名毕业生，现在多已成为我国科技战线的骨干力量；她在教学和科研中取得的丰硕成果，已成为我国科技百花园中一簇绚丽的鲜花。
>
> 展望下一个20年，科技大学将在华主席率领下的新长征中，作出更大的成绩，办成一所誉满中外的第一流教学科研中心。我愿和同志们一起为此竭尽绵薄之力。
>
> 我因即将陪同方毅副总理出国访问，不能前来参加校庆活动，特此表示热烈的祝贺。

档号：1978-WS-C-29-25

1979年9月11日,严济慈贺电:

> 热烈祝贺79级开学典礼并祝全校师生员工在新学年中取得新的更大的成绩。

档号:1979-WS-C-17-1

1981年4月16日,致CUSPEA同学的信,刊于《CUSPEA纪念册》(严济慈是CUSPEA委员会主席)。

> 同学们:
>
> 　　你们好!
>
> 　　你们通过参加CUSPEA考试已经被美国大学录取为物理研究生,今秋即将离开祖国赴美深造,任重而道远。让我以中国CUSPEA委员会全体成员的名义向你们致以热烈的祝贺!我们想,虽然你们尚未成行,但你们从自己的生活中一定可以处处感受到祖国人民、科技教育界的前辈师长、父母兄妹,朋友同学,都在殷切地期望着你们尽早学成回国,为促进祖国的科技现代化,为国家的繁荣富强而贡献你们的聪明才智。希望你们以敬爱的周恩来总理等老一辈革命家、科学家为榜样,身居海外,胸怀祖国,始终以祖国人民的需要为己任,克服困难,刻苦学习,专心攻读,勇攀高峰。你们所去的美国学校,有的是第一次接受来自中华人民共和国的学生,有的还会有不少从台湾去的同胞,希望你们时刻维护祖国的尊严,珍视中国人民的荣誉,为促进中美两国人民的友谊、为加强与台湾同胞之间的骨肉情谊而尽责。
>
> 　　我们再次预祝你们学习优良,身体健康,早日学成回国!

1983年9月14日,严济慈贺电:

> 中国科学技术大学教职员工同事们,同学们:
>
> 　　值此中国科学技术大学25周年校庆之际,谨向你们致以热烈的祝贺。
>
> 　　25年来,中国科学技术大学不断发展壮大,在教学和科研方面

都取得了可喜的成绩，已经成长为我国教育园地中一朵绚丽多姿的鲜花，在国际上也赢得了良好的声誉。在这当中，凝结着周总理、陈毅副总理、郭沫若校长、聂荣臻同志等老一辈革命家的许多心血。

我和科技教育界的同志们高兴地看到，中国科学技术大学已经度过了她的少年时代，步入青年时代，正在显示出她的旺盛的青春活力。希望中国科学技术大学总结经验，再接再厉，提高水平，继续前进，为国家培养出更多更好的优秀科学技术人才，为祖国的四个现代化作出更大的贡献。

25年来，我们同呼吸，共欢乐。我这次因事不能前去与大家一起欢度校庆，引领南望，神魂俱驰，特寄上近作《聂总与中国科技大学》一文，以表心意。

档号：1983-WS-Y-15-30

1985年9月16日，严济慈贺电：

全校师生员工鉴，欣悉：新生成绩全国第一，望同学们在新的环境中奋发努力。要勇于好高骛远，善于实事求是。李政道教授近在纽约说："中国科学将来，就是世界科学将来。"这个将来主要担在你们肩上。开学典礼，恕不能到。

谨此电贺。

档号：1985-WS-C-53-4

1986年6月12日，严济慈贺电：

热烈祝贺中国科大校友会上海分会成立！希望你们发扬科大光荣传统，增进校友团结联谊，为建设上海、支援母校、发展科技、振兴中华而努力奋斗！

档号：1986-WS-Y-14-4

1988年6月23日，严济慈贺电：

中国科学技术大学八八届全体毕业同学们：

你们是在中国科学技术大学成立25周年的小庆之年入学的，又在建校30周年的大庆之年毕业,因此,你们可以说是中国科学技术大学的双庆之花。

我希望你们今后发扬中国科技大学的优良传统和校风,用自己智慧的劳动和辛勤的汗水,为祖国为母校贡献出双庆之果——实现祖国的"四化"大业并把中国科技大学建成享誉世界的第一流高等学府。

档号:1988-WS-C-33-2

1989年,严济慈贺电:

中国科技大学全校师生员工同志们:

值此校庆31周年之际,谨向你们致以热烈的祝贺!希望同志们继承科大革命精神,发扬科大优良传统,认真贯彻"全院办校,所系结合"的方针,努力培育"勤奋学习、理实交融、红专并进"的校风,为把科大建成国内外一流学府而奋斗。

档号:1989-WS-Y-45-8

1990年9月8日,严济慈贺电:

1990年新生入学开学典礼之际时值教师节佳期,我谨向新生同学们致以热烈的欢迎和祝贺!向教职员工同志们致以崇高的敬意和亲切的慰问!希望你们继承和发扬科大光荣传统和优良校风,尊师爱生,团结奋进,为把科大办成闻名国内外的高等学府作出新贡献。

档号:1990-WS-C-68-5

1990年,严济慈贺电:

值此我校32周年校庆之际,谨向荣获省德育工作优秀教师、院优秀研究生导师和先进教育管理干部称号的教师以及郭沫若奖学金、张宗植科技奖、亿利达实验科学奖的同学们致以热烈的祝贺!希望全校师生员工齐心协力、再接再厉,为办好科大作出新贡献。

档号:1990-WS-Y-21-11

严济慈 科学之光

题词手迹

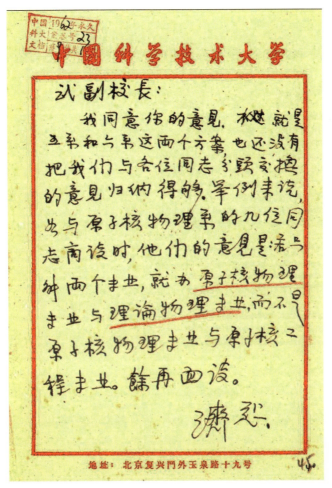

1962年，严济慈就专业调整问题致武汝扬副校长的信

武副校长：

我同意你的意见，就是五系和六系这两个方案，也还没有把我们与各位同志分头交换的意见归纳得够。举例来说，如与原子核物理系的几位同志商谈时，他们的意见是：若只能两个专业，就办原子核物理专业与理论物理专业，而不是原子核物理专业与原子核工程专业。余再面谈。

济慈

档号：1962-WS-Y-24-9

1983年12月8日,严济慈写给邓小平的信

1983年12月8日,严济慈致信邓小平,希望将中国科大列入"七五"期间国家重点建设的大学。邓小平在信上批示:"据我了解,科技大学办得较好,年轻人才较多,应予扶持。"

档号:1984-WS-Y-14-10

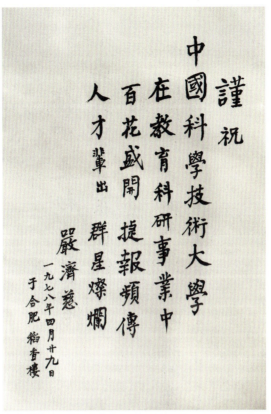

1978年4月29日，严济慈为中国科大题词

谨祝

中国科学技术大学

在教育科研事业中

百花盛开　捷报频传

人才辈出　群星灿烂

严济慈

一九七八年四月二十九日

于合肥稻香楼

档号：1978-SW11-Y-1

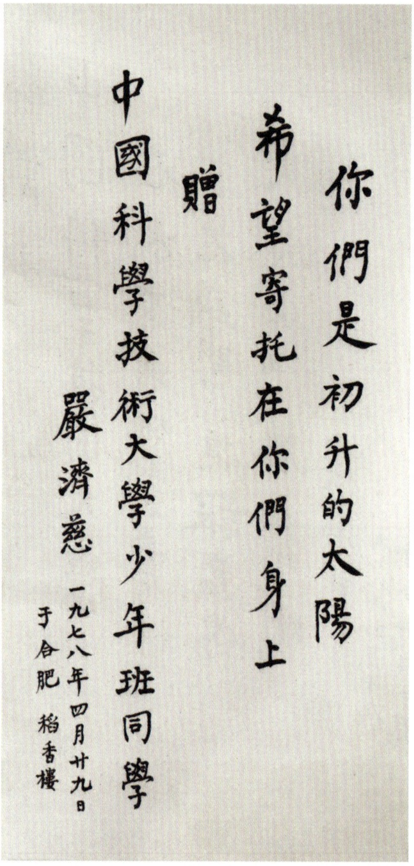

1978年4月29日，严济慈为中国科大少年班学生题词

你们是初升的太阳
希望寄托在你们身上
赠
中国科学技术大学少年班同学

严济慈
一九七八年四月廿九日
于合肥稻香楼

档号：1978-SW11-Y-3

> 教書要深入淺出，
> 學習要淺入深出，
> 願與我的同事、同學們共勉之。
>
> 嚴濟慈
> 八一年十月廿九日.

1981年10月29日，严济慈为中国科大师生题词

教书要深入浅出，
学习要浅入深出，
愿与我的同事、同学们共勉之。

　　　　　　　　　　严济慈
　　　　　　　　　　八一年十月廿九日

档号：1981-SW11-Y-5

1981年12月16日，严济慈给1981届研究生的祝贺词①

承前启后不甘后，
青出于蓝胜于蓝。
热烈祝贺
我校一九八一届研究生毕业并寄赠
全体研究生同学们

严济慈
一九八一年十二月十六日

---

① 此贺词刊于《科大校刊》总第97期。

题词手迹

1984年7月,严济慈为1984届毕业生题词

心向母校,志在四方;
振兴中华,气贯寰宇。
热烈祝贺七九级同学们毕业

严济慈
一九八四年七月

档号:1984-SW11-Y-1

严济慈：科学之光

1984年11月20日，严济慈为国家同步辐射实验室奠基题词

1984年11月20日，严济慈为国家同步辐射实验室题词

预祝同步辐射加速器按时按质按量建成！

严济慈
一九八四年十一月二十日

中國科學技術大學
學生藝術團
嚴濟慈題
一九八四年十二月

1984年12月，严济慈为学生艺术团题词

档号：1984-SW11-Y-9

1986年9月,严济慈为中国科大题词

中国科学技术大学

育天下科技英才

树世界大学红旗

严济慈　题
一九八六年九月

档号:1986-SW11-Y-2

1986年9月，严济慈为中国科学技术大学新校区奠基题词

档号：1986-SW11-Y-3

1988年3月，严济慈为中国科大少年班题词

十载少年喜成长
百科高峰待攀登
祝贺
中国科技大学少年班创办十周年暨
第七期少年班同学毕业

严济慈　题
一九八八年三月

档号：1988-SW11-Y-13

题词手迹

1988年5月4日，严济慈为郭沫若铜像题词

在建校三十周年之际，敬立郭沫若像，缅怀以郭沫若校长为首创建的中国科学技术大学之业绩。"郭沫若像"四字系邓小平同志于一九八七年十一月二十八日亲笔题写。

严济慈 题
一九八八年五月四日

档号：1988-SW11-Y-1

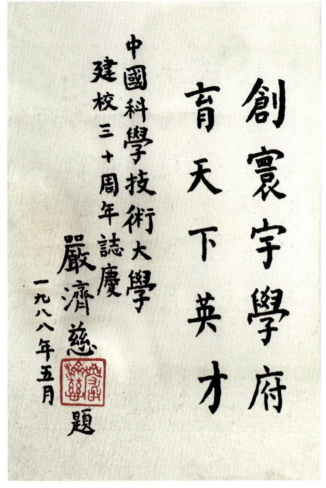

1988年5月，严济慈为中国科大30周年校庆题词

创寰宇学府
育天下英才

中国科学技术大学建校三十周年志庆

严济慈　题
一九八八年五月

档号：1988-SW11-Y-2

1989年除夕，严济慈为中国科大全体师生员工题词

档号：1989-SW11-Y-1

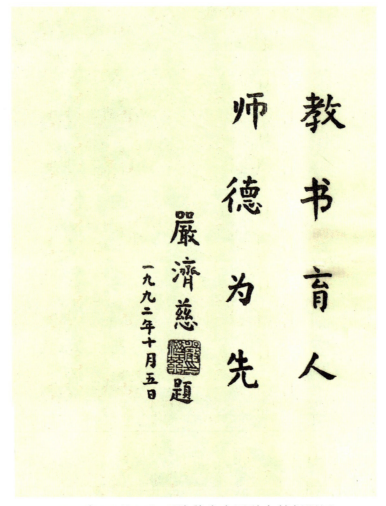

1992年10月5日，严济慈为中国科大教师题词

教书育人
师德为先

严济慈　题
一九九二年十月五日

档号：1992-SW11-Y-5

题词手迹

档案馆

严济慈题

严济慈为中国科大档案馆题词

档号:1990-SW11-Y-3

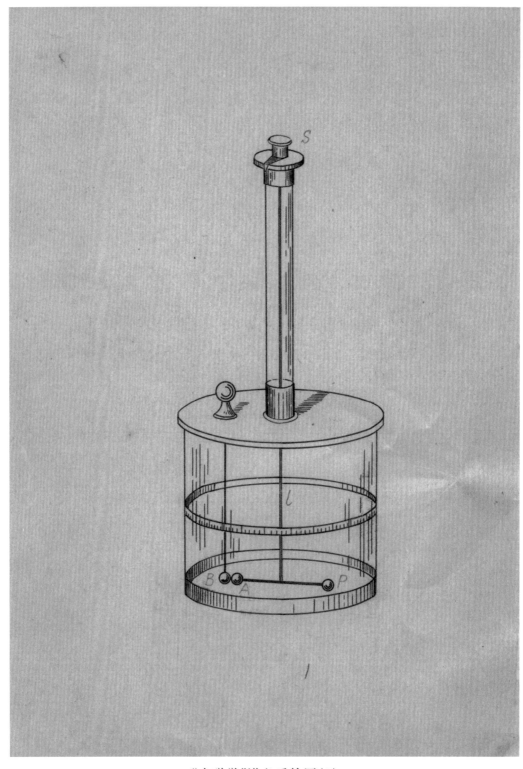

"电磁学"讲义手绘图(1)

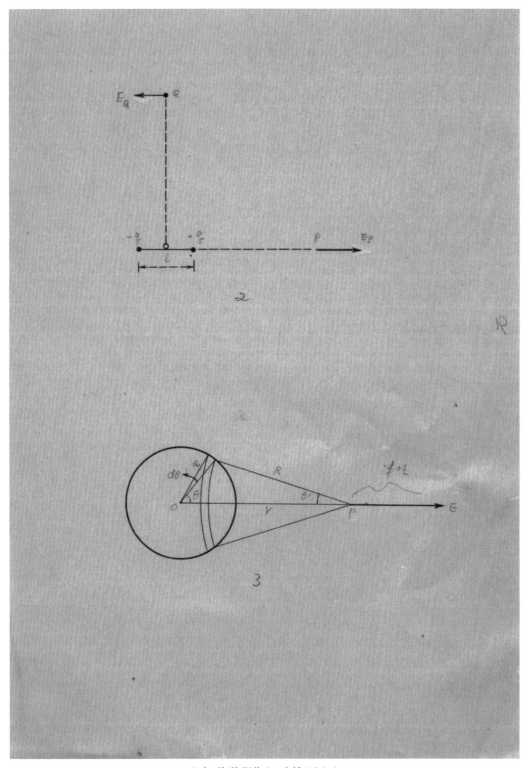

"电磁学"讲义手绘图(2)

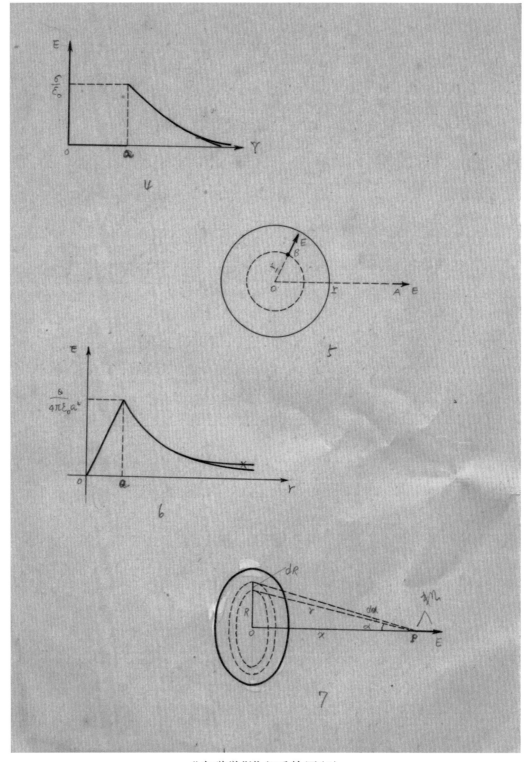

"电磁学"讲义手绘图(3)

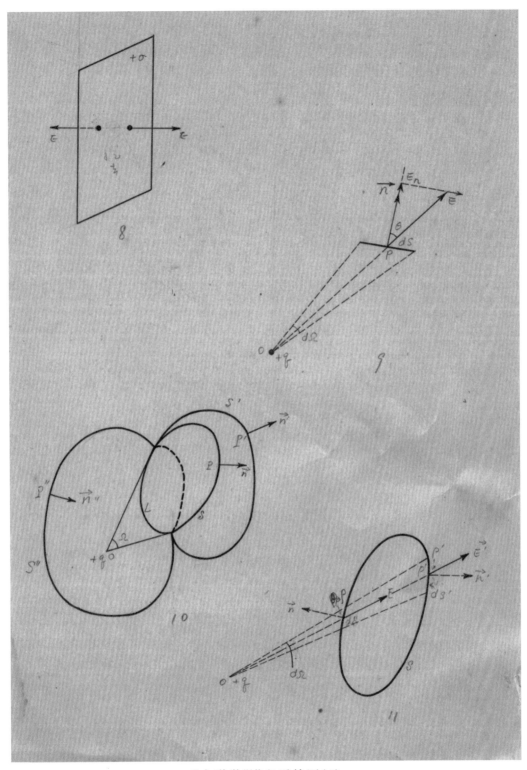

"电磁学"讲义手绘图(4)

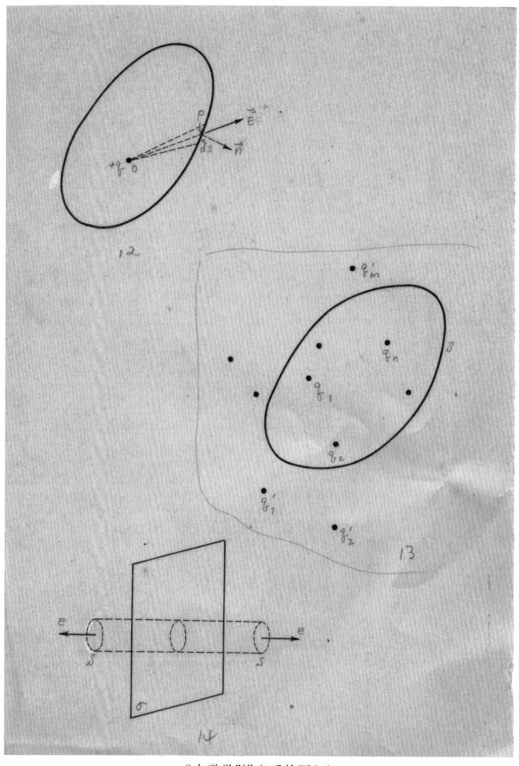

"电磁学"讲义手绘图(5)

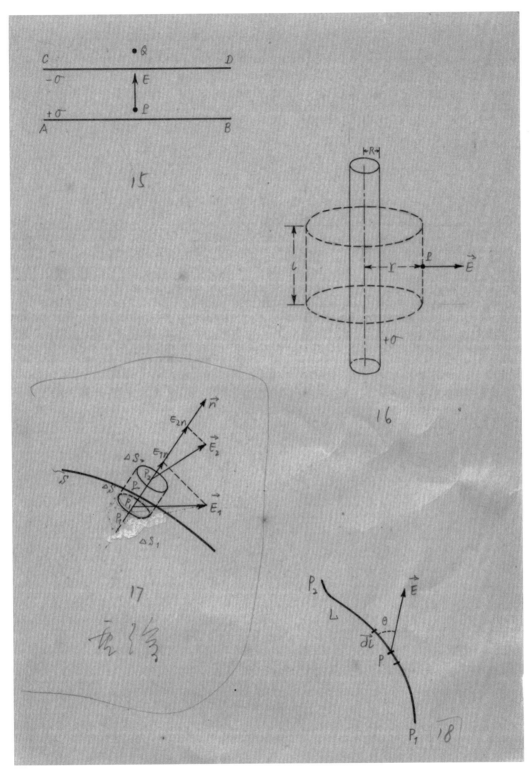

"电磁学"讲义手绘图(6)

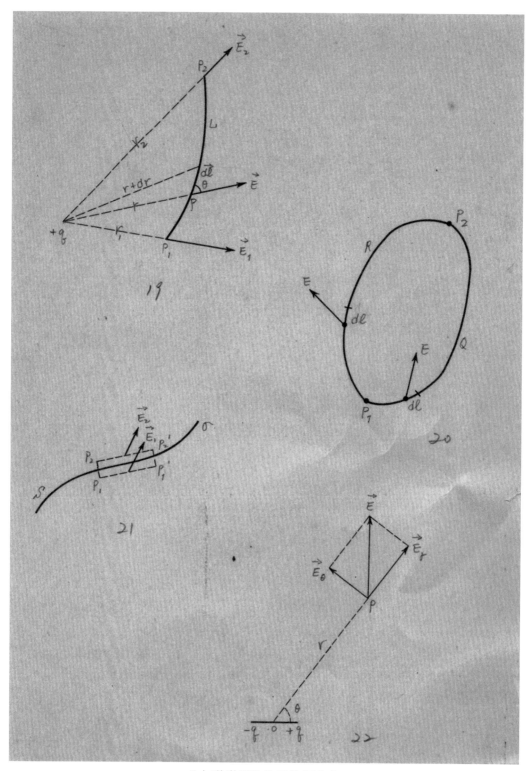

"电磁学"讲义手绘图(7)

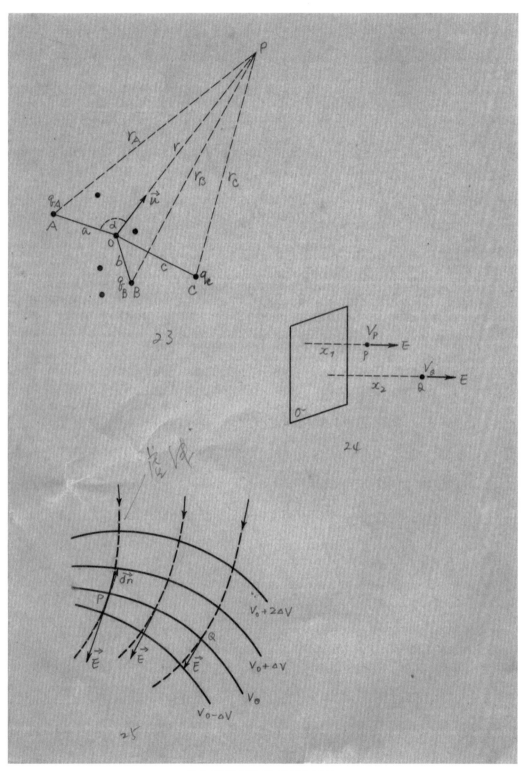

"电磁学"讲义手绘图(8)

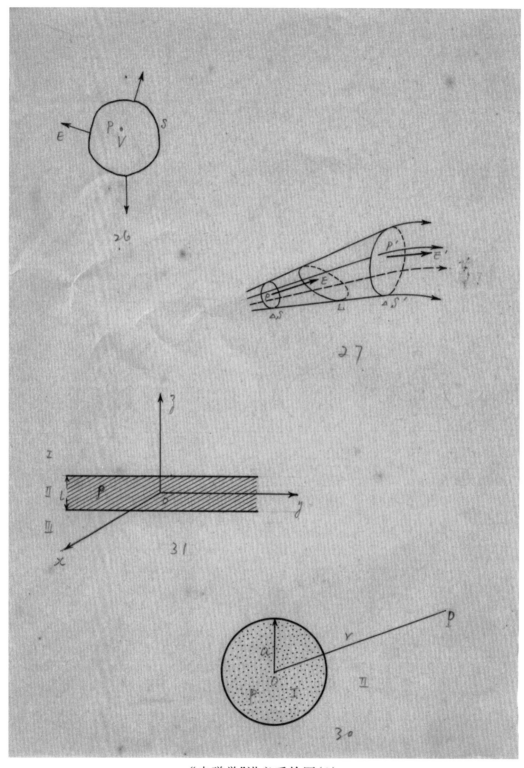

"电磁学"讲义手绘图(9)

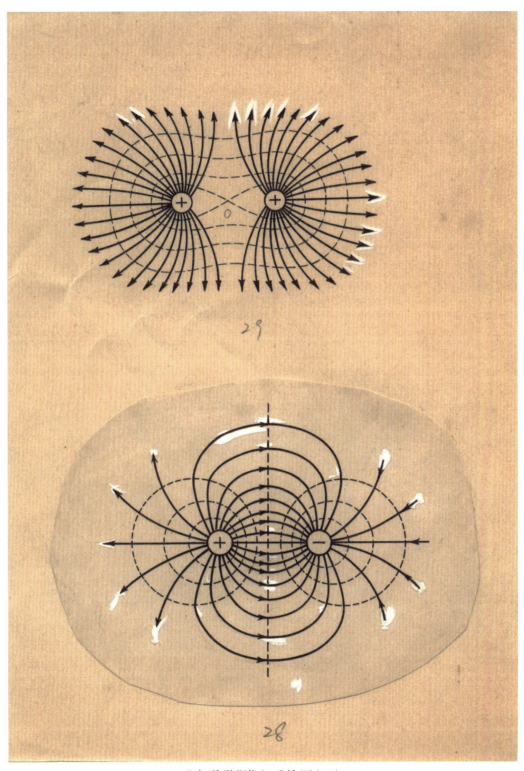

"电磁学"讲义手绘图(10)

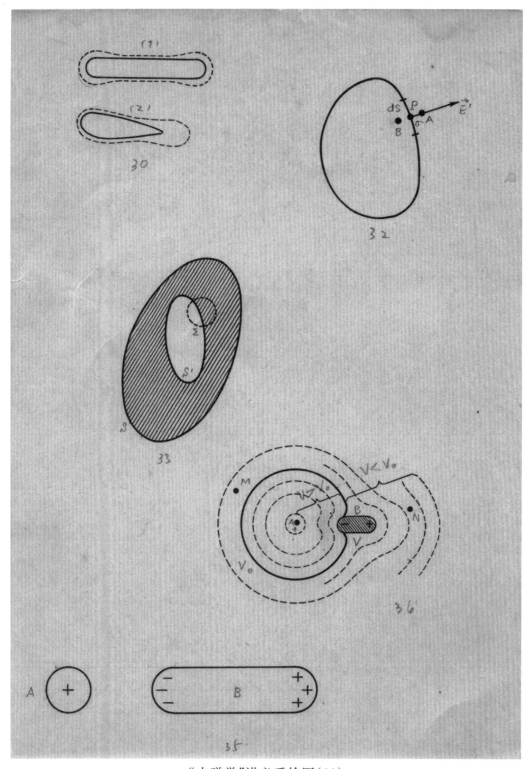

"电磁学"讲义手绘图(11)

"电磁学"讲义手绘图(12)

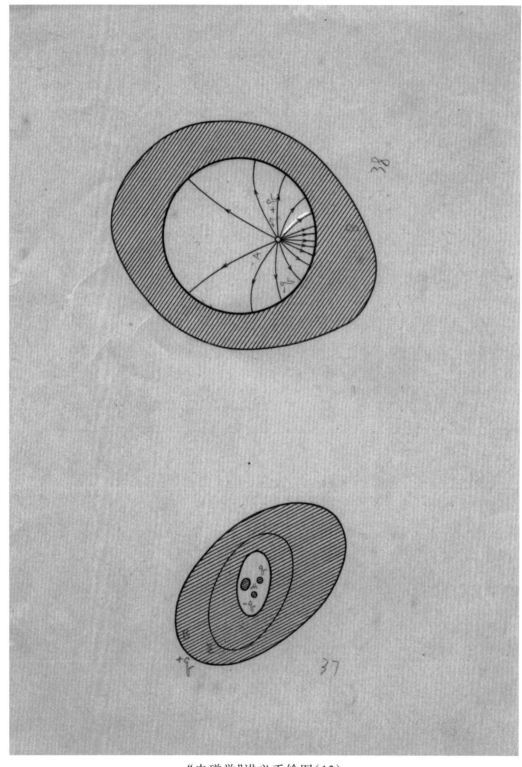

"电磁学"讲义手绘图(13)

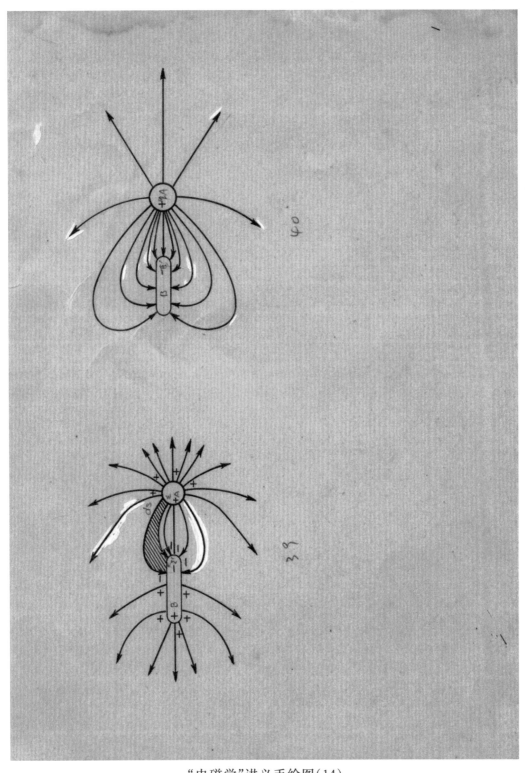

"电磁学"讲义手绘图(14)

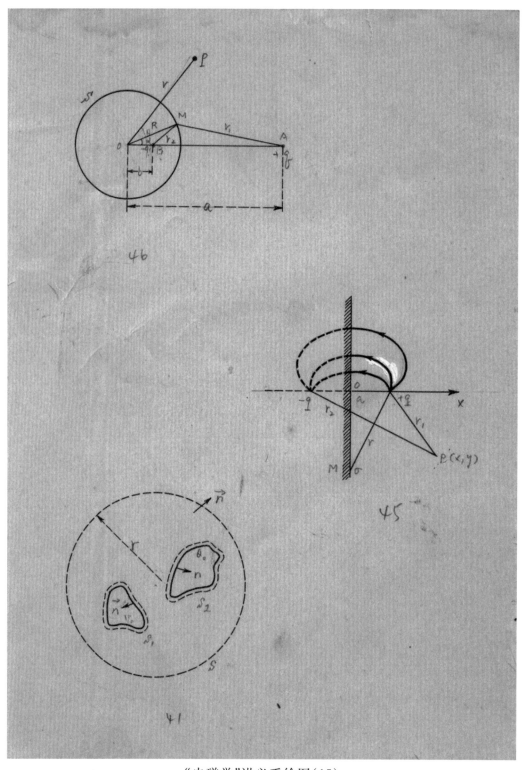

"电磁学"讲义手绘图(15)

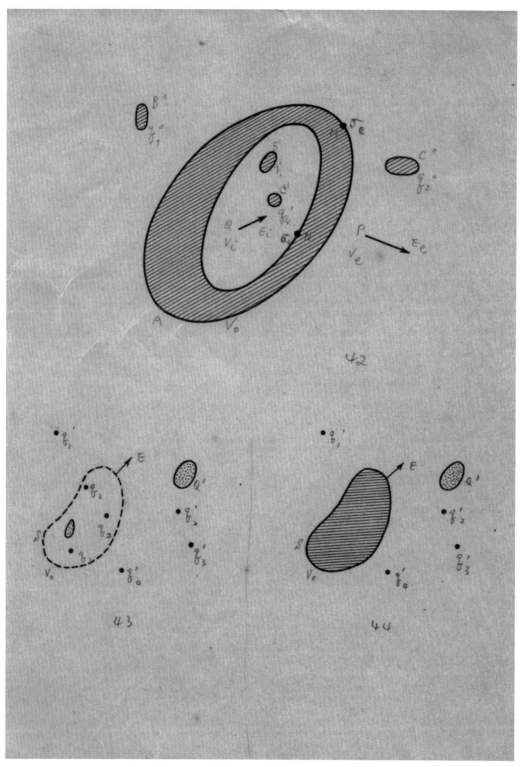

"电磁学"讲义手绘图(16)

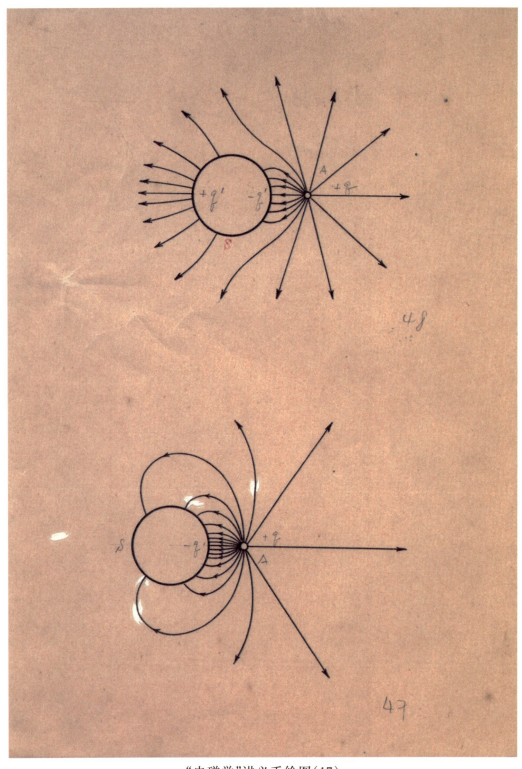

"电磁学"讲义手绘图(17)

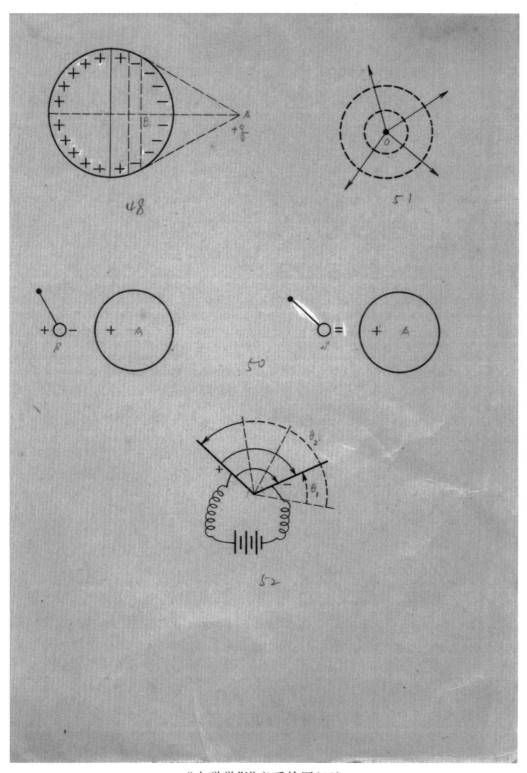

"电磁学"讲义手绘图(18)

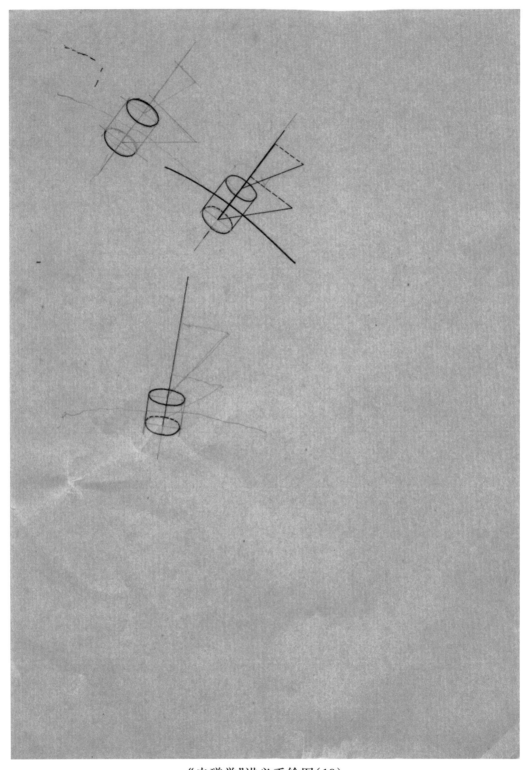

"电磁学"讲义手绘图(19)

严济慈 科学之光

回忆纪念

严老与科大①

谷超豪②

在中国科学技术大学33年的办学历程上,每一步都凝聚了严老的心血,得到了他的热情关怀。从1958年中国科大创办于北京之始,严老就作为学校筹备委员会主要成员参与了当时学校的创建工作,1961—1980年担任中国科大副校长。从中国科大创办之日起,严老就和其他著名科学家一起到校授课,不仅培养了最早几批中国科大优秀毕业生,还言传身教了一批青年教师队伍,目前他们都已成为教学、科研和管理方面的骨干。

为了培养高质量的年轻科技人才,提高高等教育水平,他不辞辛劳,辛勤耕耘。1980年,经国务院任命,严老以80高龄出任中国科学技术大学第二任校长,经常长途跋涉到校检查指导工作,规划发展前景,并在中国科大战略发展的各个关键时期都给予了极大关怀与帮助,使得学校各项工作在改革开放新形势下,得到长足的发展。

1981年10月下旬,严老来校检查指导工作,在校期间,他不顾年迈,深入基层,慰问师生,鼓励师生员工团结奋斗,开创中国科大发展新时期。他先后召开了教师、学生座谈会,并亲自到课堂听课,检查指导教学工作。严老既充分肯定了办学成绩,又对中国科大新校区的规划工作、同步辐射装置工程设计上马和加强与东京大学合作等战略发展提出了要求,希望学校要加强管理,领导同志工作要进一步深入,搞好规划,抓好教学质量,加强思想政治工作,把学校办好!

1983年12月8日,严老亲笔署名上书邓小平同志要求将中国科学技术大学增列为全国重点支持的大学之一,他在信中说:"我身为中国科技大学的

---

① 本文原载于1991年3月20日《中国科大》。

② 谷超豪(1926.5—2012.6),1988年2月至1993年7月任中国科学技术大学校长。

校长，现在遇到这类事情，我是不得不关心的。"在严老等领导同志的努力下，学校被确定为国家重点支持的大学之一。

1984年，经国务院任命，严老担任了中国科大名誉校长，尽管身负国家重任，但一谈起中国科大，严老还是那么的激动，那么的关切。仍经常到校检查指导工作，鼓舞广大师生、校友为办好中国科大而作不懈的努力。

1984年11月，严老来校亲自审定学校西区建设方案，从大门的位置、人行道宽窄到学术报告厅和图书馆的设计都提出了具体要求，倾注了他对中国科大的关怀与爱护。

在中国科学技术大学办学过程中，严老与中国科大师生同甘共苦，心心相印。正如他在建校25周年的贺电中所说的："二十五年来，我们同呼吸，共欢乐，引领南望，神魂俱驰。"严老对中国科大的关怀与爱护也赢得了全校师生的爱戴与敬仰。1983年在第六届全国人民代表大会第一次会议上，严老当选为全国人大常委会副委员长，学校师生特致电祝贺，严老接电后，十分高兴，亲切回电感谢，表示"我和同志们的心是连在一起的，愿同志们以科大为安身立命之本，团结奋斗，竭尽全力办好科大"。每年开学、毕业典礼，他或是亲临大会，或是专电致贺，鼓舞学生要"心向母校，志在四方，振兴中华，气贯寰宇"。

1986年9月和1988年9月，严老以80多岁高龄两次亲临中国科大，与全校师生见面。在校庆28周年大会上，他说"我年纪大了，很少出门，可是最近八年到科大来了八次，合肥成了我的第二故乡"。在参观校园，指导工作中，他不顾年迈，不辞辛苦，深入实验室、学生宿舍，与师生谈心。在校庆大会上他发表了热情洋溢的讲话："当年我与大家在郭老的领导下创办科大，看着科大成长发展到今天，成为一棵招风的大树，我非常高兴，同时我作为名誉校长，深深地感谢大家，是你们用汗水和心血为科大赢得了声誉。"鼓励师生员工发扬中国科大优良传统，努力工作，有所发明，有所创造。

严老十分关切中国科大的建设与发展，并多次题词，例如，严老为我校新校区、合肥国家同步辐射实验室奠基书写了铭文，并为郭沫若铜像上邓小平同志的题词书写了说明。近几年来，中国科大的教育改革也得到了严老的热情鼓励，1988年5月，他亲笔题词"创寰宇学府，育天下英才"，在学校引起强烈的反响。

中国科大的师生员工们都深深为严老这种精神所感动，大家决心遵循严老的要求，坚持正确的政治方向，深化教育改革，努力提高教学质量和科学研究水平，为把中国科大建设成为高水平的社会主义大学而奋斗。大家祝愿严老健康长寿，为我国的社会主义事业继续作出巨大的贡献。

档号：2004-RW13-1-1655

严济慈老师——祝您健康长寿①

叶家福②

1990年6月12日，陈昊苏、王德顺、叶利亚、陈以奎、张华岗和我在叶枫家聚会，我们在1965年中国科学技术大学同班毕业后好多人都是第一次见面。如今，副部级国家干部2名，大校、处长、研究员、副研究员、所长、高工已占全班同学70%以上。我们在一起谈了很多，最后不约而同地谈到了严济慈老师。严老给我们上了两年物理课，严肃认真，循循善诱，孜孜不倦地把他多年来在物理学习上有关的理解、体会都教给我们，不论刮风下雨、下雪，从未缺过一节课。回顾自己的经历，不单是因为严济慈、钱临照、马大猷、陆志刚、严镇军等老师给我们打下了坚实的基础，而且在我后来科研任务濒于下马时，严老还给我指出了方向，才使我能够在我国红外跟踪系统的分辨率和精度上做了一点工作。

毕业后，我一直在中国科学院上海技术物理研究所工作，主要是研究红外物理技术的军事应用。1968年5月起我参加我国某重点工程中的光测设备研制，该工程由国务院、中央军委、国防科工委统抓。20世纪70年代初，作为光学精密跟踪测量主要指标的角分辨率国际先进水平是2毫欧，而我们的实际要求是0.02毫欧，相差100倍！1969年副研究员匡定波提出："用光学相似法研究红外跟踪系统的极限角分辨率，能不能设计出一种角秒级分辨率的调制盘？"经研究，这项工作由我负责，汤定元研究员为我提供了许多EOSD、SPI上辐射调制的文章。经过不断地试验研究，1969年9月终于研制成我国第一个角分辨率为2秒的高精度调制盘，并于1970年8月在甘肃外场测试中采集到了角秒级红外跟踪信号。1973年6月在长春联试时发现调幅红外跟踪系统输出信号的线性区虽满足大总体指标，但实际应用时不够，且有

---

① 本文原载于1991年3月20日《中国科大》。

② 叶家福，中国科学技术大学1960级学生。

多零点现象，必须研制调频红外跟踪系统。然而调频系统怎样扫描呢？谁也不知道。于是自动跟踪系统只好暂停，任务中断。

大学里，严济慈老师教我们物理课主要教概念和方法，正像他自己说的"我教物理，把它们像和面团一样联系起来了"。严老要求我们在学习中要像撒渔网一样，撒得开，收得拢。这些让我记忆犹新。有一次在北京科学会堂开会，得知严老也在，我去拜访了他，后来又给严老写了封信，想请他指点，推导出被动式红外雷达的通用扫描方程式。严老在信中指点我："把扫描光点想象成'光笔'，不管光点如何运动，怎样扫描，看光笔在圆盘上画出的轨迹即可。"这真是点石成金。1973年导出了红外跟踪系统通用扫描方程式，1974年通过了调频跟踪系统的新方案。该扫描方程成功地用在调频红外跟踪系统中，给出扫描机理、扫描匀速要求，并逐步得到国内行家的承认。科学的伟大就在于探索和对人类的贡献，在人们一旦认识后就认为简单，其实不简单啊！要突破一点谈何容易，要许多人的指点、帮助，光靠个人苦想猛干是不行的。该项目于1980年进行院级鉴定，1983年获中国科学院科技成果一等奖，1985年整个自动光测设备获国家科技进步特等奖，1987年整个大测试系统再次获国家科技进步特等奖，我获得了一等奖。该设备目前还在正常服役。

严老在信中鼓励我：什么东西都从无到有，只要原理上行得通，方法对，总可以解决研究成功的。我又想到了他在课堂上教导我们的："科学上切忌夸夸其谈，不要眼高手低，也不要操之过急。你白金丝拉得好也可以成为这方面的专家。"我正是按照老师的教导，在工作中踏踏实实地去做。我们的成绩都凝聚着严老和老一辈科学家长年累月辛勤的培养和教育，热忱的帮助和指导，作为学生的我们怎能忘记老师们的抚育。唯有继续努力，为我国科学事业添上一砖一瓦。

祝严济慈老师健康！长寿！

祝所有教过我们的老师们幸福健康！长寿！

档号：2004-RW13-1-1655

望桃李春色　仰蜡炬高风

——回忆吾师严济慈先生的教育工作①

钱临照②

在21世纪的钟声离我们越来越近的时候，我最敬爱的老师严济慈先生却离我们远去了。今年5月份，先生还为我的90岁生日题词勉励，而今睹物思人，不觉感慨万千。我再次想起了半个多世纪前追随先生投身科学的往事。在中国的科学界，直接或间接在严济慈先生教育扶助下走上科学圣殿的又何止我一人焉！回望海内，李国鼎、朱应铣、余瑞璜、陆学善、顾功叙、钟盛标、王大珩、郭永怀、龚子同、方声恒、钱伟长、傅承义、翁文波、钱三强、杨承宗等后来的著名科学家，早年都受益于先生。在悼念先生的日子里，我愿意将他对科学教育事业所作的贡献介绍一些给大家，这不仅仅是我曾经是他的学生，更是因为我们的民族仍然需要先生这种周公吐哺的精神。

严济慈先生是一位著名的科学家，也是一位杰出的教育家。他在科学上的贡献我已另文介绍，值得强调的是，先生对于我国科学人才的培养也倾注了大量的心血，取得了累累硕果。"桃李不言，下自成蹊。"由于他在我国物理学教育上的突出贡献，20世纪50年代，先生曾和叶企孙、饶毓泰、吴有训并称为我国物理学界的四大名家，备受世人推崇。我是1927年在上海大同大学读书的时候认识严济慈先生的。当时，先生刚刚在法国获得博士学位，便回国应聘到大同大学等四所大学任教授。从先生的物理讲课中，我得到了关于西方物理学的启蒙和教益。大学毕业后，我辗转来到沈阳东北大学

---

① 本文原载于1996年12月1日《科技日报》。本文由钱临照口述，中国科学技术大学徐飞博士整理。

② 钱临照（1906.8—1999.7），1978年12月至1984年9月任中国科学技术大学副校长。

回忆纪念

任教，不久，"九一八"事变爆发，我随东北大学师生一起被迫入关，来到北平。在北平，又是严济慈先生收留我暂时借住在他的家中。此时，严济慈先生已是二度赴法归来，刚刚参与创建国立北平研究院物理研究所并接任所长，百事待举。而我则迫于生计，不敢麻烦先生太多，几经周折后在上海英租界工部局管辖的电话局里联系到一个职位，有160块大洋的月薪。就在我把打点好的行李送上黄包车，向先生辞行的时候，先生对我说："以你的才学，应该留在这里从事科学研究才是，只是我这里助理员的职位已经满员了，如果你不介意，我可以破额录用你在这里做研究，只是薪水也只好'破额'——暂时只有正式助理员的一半，月薪40块，你愿意吗？"

能够继续留在先生这里参与当时国内最前沿的物理研究，这正是我求之而不能的！我几乎没加思考，就从黄包车上取下了行李。这样，我放弃了高薪的工作，正式进入北平研究院。虽然从经济上说，40块月薪的确很清苦，但是能够在严济慈先生这样一位卓越的科学导师指导下搞学术研究，正是我孜孜以求的，今天看来，60多年前的这次选择是很有意义的。

从此，我在先生的指导下走上了科学研究的道路。从1932年到1935年，我和先生合作在《法国科学院周刊》、英国《自然》周刊等科学杂志上共发表了8篇科学论文，3年内完成了两个课题：一是压力对照相乳胶的感光作用之研究；另一是水晶圆柱体在扭力下产生电荷及其振荡的研究。此时的北平虽然并不安宁，但严济慈先生领导下的物理研究所却在高效地运转着，每年都有二三名刚从大学毕业的青年跟他一起工作，他对这些青年训练十分认真，要求非常严格。记得当时先生规定我们不得白天在实验室看其他的书，而应当全身心地投入到实验研究中。先生既有严厉的一面，更有宽厚的一面。在对助手的使用上，他是完全放手的，鼓励大家开动脑筋；对助手们的成长和发展，先生更是倍加关注和爱护，当他们所协助的研究工作取得成果，同时开始表现具有独立工作能力的时候，严先生就把他们推荐到英、法、美等国的著名物理实验室去深造。除我之外，先后还有陆学善、钟盛标、翁文波、吴学蔺、方声恒、庄鸣山、陈尚义、汪仁寿、钱三强、杨承宗等10余人都是在先生的引导下走向世界的。整个30年代，严济慈先生领导下的北平研究院物理研究所，开创了团结合作、意气风发的浓厚学术气氛，研究所里人才辈出,成果累累,誉满科坛,闻名欧美。为此,严济慈先生也于1935年和法国的约里奥-居里以及苏联的卡皮查同时被法国物理学会选为理事。

如果说严济慈先生的前半生还是科研与教育平分秋色的话,那么他后半生的主要精力则几乎全部倾注到了对祖国科技人才的培养上。这还要从新中国成立前夕说起。当时,郭沫若等领导人到位于东皇城根的物理研究所访问严济慈教授,要他参加中国科学院的筹建工作。而严先生则还有些踌躇。他认为"一个科学工作者一旦离开实验室,他的科学生命也就从此结束了"。可是郭老也很会动员,他对严济慈先生说:"这话很对。但是,倘因此而能使成千上万的人进入实验室,岂不是更大的好事?"就这样,为了"成千上万的人进入实验室",严先生便从此放弃了自己的研究,全力投入到中国科学院的创建与发展工作中。他历任中国科学院办公厅主任兼应用物理研究所所长、东北分院院长、数理化学部学部委员兼技术科学部主任、副院长以及《中国科学》《科学通报》主编等职务;积极参与制订和组织实施国家科技政策和科技发展规划,为推动我国科技事业的发展,培育科学新秀,促进我国同世界开展学术交流和科技合作作出了重要贡献。

许多今天的年轻人同我谈起严济慈先生,都会不约而同地提起由他编著的一些著名的教材。是的,年轻的一代不可能详细了解严济慈先生在科学上的重大贡献,却从他编写的那一本本深入浅出的教材中认识了另外一个严济慈,一个作为著名教育家的严济慈。

事实上,早在20世纪20年代初期,严济慈先生就编著了《初中算术》和《几何证题法》,译著了《理论力学纲要》,这些书均由商务印书馆多次再版,《初中算术》还被当时的教育部审定为教科书,流行近20年,并为东南亚一些国家采用。40年代后期,他又编著了《普通物理学》《高中物理学》《初中物理学》和《初中理化课本》。60年代则编著了《热力学第一和第二定律》和《电磁学》等。直到80年代,他还出版了《几何证题法》的白话文版。这些教科书培育了我国几代科技人才。1927—1928年,他在沪宁四所大学同时担任数学、物理学教授,每周往返两座城市四处地方,讲授27课时,深受学生欢迎。他的许多学生后来都成为著名科学家,和我同时受教的还有陆学善、顾功叙、余瑞璜、霍秉权等。30年代，他在北平负责中英、中美、中法庚款留学物理考试的命题，并参加评审工作，先后考选20多人出国深造，后来他们都成了著名的科学家。在中国的科学天空群星闪烁的时候，我们不能忘记严济慈先生曾经付出过的巨大努力。

在这里，我还想告诉大家严济慈先生献身教育的一段感人故事。那是1958年，他受郭沫若院长的委托，参与创办中国科学技术大学。经过3个多月的紧张工作，中国科学技术大学按时开学了，而我们的严济慈先生也操起了久违30年的教鞭，精神抖擞，重新走上了讲台。他要亲自给大学生们讲授"普通物理学"。这一讲就是6年，直到"文革"开始才被迫中断。和先生同期，还有许多著名的科学家来到了中国科学技术大学的讲台，但到最后，讲课时间最长的科学家，就是我敬爱的老师严济慈。直到今天，每每回想当年先生讲课的盛况，都让人心驰神往。听课的学生挤满了学校的礼堂，而先生则如同炉火纯青的表演大师，为台下那一双双渴望的眼睛展示着科学的妙味。此时，我已经无法估计这些听课的学生中间又会有多少人将成为明天的科学家了。今天，我们国家的科学事业还在继续发展着，我们最需要的，不正是先生这种甘为人梯、化作春泥的忘我高风吗？

1978年郭沫若院长逝世后，严济慈先生接任中国科学技术大学校长，还兼任我国第一所研究生院——中国科学技术大学研究生院的首任院长。此时的严老，已近80高龄，仍然为培育科学新人而呕心沥血。1980年起，严济慈先生和李政道合作组织了著名的CUSPEA计划，此项计划是在国内招考与物理有关的大学毕业生赴美攻读博士学位，历经10届，已考选了900多人，分布在美国72所学府从事研究工作，他们大多成绩甚为优异，已有一些优秀的年轻人才学成回国，而他们明天的发展，则必然是无可限量了。写到这里，我向大家推荐一篇较能代表严济慈先生教育思想的文章。这就是80年代初期，严济慈先生应著名的《红旗》杂志要求而撰写的《谈谈读书、教学和做科学研究》一文。记得当时文章发表后，一时传为美谈。因为《红旗》杂志上的文章，大多是可以作为政治学习的辅导材料的。而严济慈先生的这一篇却是格外地别开生面，谈读书、谈教学、谈做科学研究，娓娓道来，语重心长。实在是一篇难得的年轻人提高思想修养的好文章。记得严济慈先生在文章中谈读书时说："理工科的学生，应该读点文科的书。同时，文科学生，也应该读点理科的书。理工科的学生只有既懂得自然科学知识，又知道一些社会科学知识，既有自己专业的知识，又有其他学科的一般知识，这样才能适应社会的要求。"联想到今天我们正在开展的人才素质教育，严济慈先生10多年前讲的这番话可谓有先见之明。

在谈到如何搞好教学工作时，他提出了"搞好教学工作是老师的天职"的思想。他认为，"一个大学老师要想搞好教学工作，除了要有真才实学以外，还必须一要大胆，二要少而精，三是善于启发学生，识别人才"。他还深入浅出地解释了讲课的技巧和方法，如他说："从某种意义上说，讲课是一种科学演说，教书是一门表演艺术。如果一个教师上了讲台，拘拘束束，吞吞吐吐，照本宣科，或者总是背向学生抄写黑板，推导公式，那就非叫人打盹不可。一个好的教师要像演员那样，上了讲台就要'进入角色''目中无人'，一方面要用自己的话把书本上的东西讲出来，另一方面你尽可以'手舞足蹈''眉飞色舞'，进行一场绘声绘色的讲演。这样，同学们就会被你的眼色神情所吸引，不知不觉地进入到探索科学奥秘的意境中来。"而要做到这些，并不是靠玩弄小技巧之类的花招，而是"必须真正掌握自己所要讲的课程的全部内容，也就是要做到融会贯通，运用自如，讲课时能详能简，能长能短，既能从头讲到尾，也能从尾讲到头，既能花一年之久详细讲解，也能在一个月之内扼要讲完……要做到这一点，必须自己知道的、理解的东西，比你要讲的广得多、深得多"。事实上，确如严济慈先生所言，"台上十分钟，台下十年功"。但这个道理对教书的人来说，就并非人人都懂了。所以，我们今天重温严济慈先生的讲话，仍然可以感受到鼓励和压力。

在谈到教师的责任时，他格外强调说："现在的大学生素质好，肯努力，男的想当爱因斯坦，女的想当居里夫人，都想为国家争光，为'四化'多做贡献，我们做老师的应该竭尽全力帮助他们成才。如果一个青年考进大学后，由于教学的原因，一年、二年、三年过去了，雄心壮志不是越来越大，而是越来越小，从蓬勃向上到畏缩不前，那我们就是误人子弟，对不起年轻人，对不起党和国家。这是我们当教师、办学校的人所应当十分警惕的。"这些话对我们教育目的和方法的提醒，实在是入木三分啊。

严济慈先生还在这篇文章中谈了怎样做科学研究，他特别重视创造意识，认为"科学研究工作最大的特点在于探索未知，科学研究成果的意义也正在于此"。而从事科学研究的人，则要经过训练，要有导师指导，在学术上必须第一能够提出问题，第二善于解决问题。在评价什么是第一流的科学研究工作时，他认为："首先，研究题目必须是在茫茫未知的科学领域里独树一帜的；其次，解决这个问题没有现成的方法，必须是自己独出心裁设想出来的；最后，体现这个方法、用来解决问题的工具，即实验用的仪器设备等，必须是自己设计、创造，而不是用钱能从什么地方买来的。如果能够做到这些，就可以说我们的科研工作是第一流的。"今天有些人一味追求洋设备，老是在重复或改动别人的工作上花心思，不是应当从严济慈先生的这番话中得到一些启示吗？

随着科学研究的职业化，人们容易看到的，是那些在成功科学家面前的鲜花和掌声，而严济慈先生则告诫我们："一个人要有所成就，必须专心致志，刻苦钻研，甚至要有所牺牲。"在怀念严济慈先生的日子里，我愿以先生的这句话和大家共勉，因为先生自己不仅是这样说的，更是这样去做的。

永恒的纪念

——悼念严济慈先生

余翔林①

各位老师、各位同学：

几天前，当我们得知严老逝世的噩耗后，全体师生员工无比悲痛。今天，我们怀着沉痛和敬仰的心情举行悼念活动，不仅因为我们国家和民族失去了一位文化伟人，一位德高望重、功垂青史的著名科学家、教育家，还因为我们中国科学技术大学失去了一位几十年来一直领导、关心、爱护广大师生员工，并一直倾注心血于学校建设，视学校为"掌上明珠"，受到万名师生员工衷心爱戴的老校长。

1958年中国科大创办时，严老作为中国科学院的领导人之一，就参与了中国科大的筹建，并给予了积极的支持。不久，严老又亲自到中国科大任教，并担任副校长，协助郭沫若校长主持学校的教学工作。从1961年秋到1962年夏，我与许多同学有幸成为严老的学生，听了一年严老所讲的电磁学与电动力学课。记得那一年冬天，还是困难时期，天气很冷，在可容300人的202大教室上课，严老每次讲课都脱去大衣，以洪亮的声音、严谨的逻辑、周密的推理、明晰的概念、生动的语言讲述电磁学的原理与发展，特别是关于爱因斯坦狭义相对论的讲解和对麦克斯韦方程的讲解，使学生受到深刻的科学创造思维与科学美的熏陶。严老也常常为此忘了下课，我们学生也忘记了饥饿。正是严老、华老等一大批著名科学家对学生的影响，使我校从创建起就形成了郭沫若老校长所倡导的"勤奋学习、红专并进、理实交融"的优良学风，并发扬至今，成为学校宝贵的精神财富。

---

① 余翔林（1940.12—　），1991年7月至1998年7月先后任中国科学技术大学副校长、党委书记。

1970年中国科大南迁安徽，遭受重大损失，遭遇巨大困难，那时严老虽无法帮助学校，但始终相信中国科大会渡过困难、重新崛起。

1977年，随着"四人帮"的垮台和科学春天的到来，郭老和严老共同主持了中国科学院关于办好中国科大的第一次工作会议。1978年6月郭老逝世，严老受命于百废待兴之际，担任了中国科大的第二任校长。在他的主持下，又一次召开了中国科学院关于办好科技大学的工作会议。第一次工作会议决定了选派200名教师去欧美做访问学者、回国后充实师资队伍，同时决定创办少年班与研究生院，这是我国教育史上有勇气和远见的重大举措；第二次工作会议决定在中国科大建立培养学士、硕士、博士的完整的教育体系，加强理科和技术科学的建设，形成了学校在改革开放的新时期进行建设的基本框架，这是很有眼光的。

20世纪80年代初，正值"七五"计划开始之时，严老为了中国科大能进入国家重点建设的大学，做了大量工作，亲自写信给邓小平同志，从而才有了小平同志对学校的一段著名批示："据我了解，科技大学办得较好，年轻人才较多，应予扶持。"因而也才有我们"七五"期间西校区的建设和学校事业在80年代的大发展。

严老还曾特别关心少年班的建设，多次接见少年大学生，勉励他们努力学习、健康成长。

严老也时刻关心学校各项事业的进步，亲自为学校题词"创寰宇学府，育天下英才"，表达了他对广大老师的期望及对青年人才的厚爱。严老还十分关心同步辐射加速器的建设，1991年冬，91岁高龄的严老，冒着漫天大雪，从北京赶到合肥，亲自参加同步辐射实验室的国家验收会，正是在这次会议上，他充满深情地用略带浙江东阳口音的普通话讲出了"我一直把科技大学看作自己的'掌上明珠'"这句话，全体师生无不为严老对中国科大倾注的真诚挚爱所感动。

90年代以来，我曾有几次机会去严老家中拜访我们敬爱的老校长，严老那时虽然已是90高龄的世纪老人，但依然思维敏捷、谈笑风生。1990年还出版了他的新著《居里和居里夫人》，他为此很高兴地亲笔题字，把书赠送给我们这些去拜访他的学生，我们深受感动，严老所赠著作珍藏至今。在这本书的后记里，严老写道："写完居里和居里夫人的业绩，掩卷沉思，不禁联想到我在二十年代、三十年代时与居里夫人以及她的女儿和女婿约里奥·居里夫妇的几次个人交往，他们那种不怕艰难困苦，为追求科学真理而献身的高尚精神，那种爱护培养年轻人，关心中国科学技术发展的深厚友情，连同他们的音容笑貌，就浮现在我的眼前。"这是严老真实情感的流露。

今天，严老虽然离开了我们，但他的崇高精神将永远激励我们前进，我们要学习他热爱祖国、热爱党、献身科学、追求真理的高贵品质；学习他治学严谨、诲人不倦、爱护青年、陶铸英才的博大胸怀；学习他始终爱护科大、关心科大的无私奉献精神。我们要继承严老遗志，为全面贯彻党的教育方针，为学校的第三次创业和"211工程"规划的实施，为培养一代又一代国家科技事业的骨干和社会主义的建设者与接班人而努力奋斗！

档号：2004-RW13-1-6793

继承严老遗志　创建寰宇学府

汤洪高[①]

今年11月2日是我国著名科学家、教育家、社会活动家，我校名誉校长严济慈教授逝世一周年纪念日。他虽然离开我们了，但我们无法忘怀这位为我国科学研究和高等教育事业作出卓越贡献的世纪老人，他为祖国科教事业呕心沥血、奔波操劳的身影，总是浮现在我们的眼前。特别是他对我们中国科大的热情关怀、谆谆教诲和殷切期望，更令每一个科大人感到无比的怀念。

1958年，已是中国科学院领导人之一的严老，作为学校筹备委员会的主要成员，同竺可桢、钱学森、华罗庚等著名科学家一起，协助郭沫若院长，积极筹建中国科大。从学校的组织建制、学科设置、教师延聘到基础建设等诸多方面，事无巨细，他都亲自参与过问。这样，经过短短三个月的筹备，学校便如期招生开学，而且按照"全院办校，所系结合"的办学方针很快走上正轨。

自1961年至1980年，严老一直担任中国科大副校长一职，长达20年之久。他不仅积极参与学校的组建和领导工作，而且还在30年后，以六旬高龄重执教鞭，亲上讲台，给学生教授基础物理课。像他这样有着极高造诣的著名科学家教授基础课程，凭着渊博的学识、独到的见解和严谨的逻辑推理，不仅使学生切实理解、牢固掌握物理学的基本概念、基本原理和治学的基本方法，而且为他们日后从事深入的科学研究工作打下扎实的基本功。严老不但亲自培养了科大最早的几批优秀毕业生，还言传身教，培植了一大批青年教师，为中国科大的师资队伍建设奠定了坚实的基础。他那严谨求实的科学精神和循循善诱、诲人不倦的教学态度，教育和影响了广大青年教师和

---

① 汤洪高（1939.9—　），1990年4月至2003年5月先后任中国科大党委书记兼常务副校长、校长、党委书记。

学生，促进了中国科大"勤奋学习、红专并进、理实交融"优良校风的形成。严老直接参与领导了中国科大的第一次创业，使得中国科大在短暂的时间内便发展成为具有相当规模的、独具特色的、在国内外有一定影响的全国重点大学。

1980年，经国务院任命，严老以近80高龄出任中国科大第二任校长。他在任期间，领导学校率先在全国教育战线拨乱反正，主持召开了中国科学院第二次关于办好中国科大的工作会议，实施诸如建立培养学士、硕士、博士的完整的教育体系，加强理科和技术科学的结合等一系列改革措施，开始进行第二次创业。在这期间，严老始终密切关注学校的发展情况，经常不顾年迈，长途跋涉到校检查指导工作，大到学校的长远规划、争取国家重点扶持，小到校区的规划建设、科研项目的设计上马，他都要亲自过问，提出宝贵的指导意见。同时，严老还经常深入基层，慰问师生，召开师生座谈会，并亲自到课堂听课，检查指导教学工作。由于严老等科学院领导的正确领导，以及全校师生员工的共同努力，学校的各项工作在改革开放的大形势下都取得了长足的进步，出现了喜人的发展势头。

1984年后，严老担任中国科大的名誉校长。尽管此间他身任全国人大常委会副委员长等社会和学术要职，肩负国家重任，但他对学校一直怀有深厚的情感，与中国科大心心相印，无时无刻不密切关注着学校的每一步发展，正如他自己在给中国科大建校25周年写的贺电和在学校35周年校庆大会上的讲话中所说的："二十五年来，我们同呼吸，共欢乐；引领南望，神魂俱驰"；"建校35年了，我一直看着她成长，像自己的孩子一样，一天一天长大，一点一点成熟起来，越来越有出息，成为我的掌上明珠，我心里有说不出的高兴"。多么朴实无华的语言，多么诚挚深厚的情感！30多年来，可以说中国科大的每一步前进无不凝聚着严老的心血和汗水。正是由于一大批像严老这样著名科学家的精心爱护和培育，才使得中国科大这所中国社会主义新型大学从幼苗茁壮成长为一棵"招风的大树"。严老对学校的热情关怀和精心爱护赢得了全校师生员工的衷心爱戴和无限敬仰。当严老于1983年在第六届全国人民代表大会上当选为全国人大常委会副委员长时，全校师生员工欢欣鼓舞，致电祝贺，与严老共享喜悦之情。

严老十分关心学校的领导班子建设,每一届新领导班子组成,他都要或来电来信祝贺鼓励,或亲临学校关心指导。1993年我担任中国科大校长不久,严老即在校庆35周年大会上鼓励我们:"这次来,看到了汤洪高校长、余翔林书记等新一届更年轻的班子,他们有活力、有朝气,既踏实肯干,又有创新精神,提出了第三次创业的奋斗目标,我感到很高兴,也很喜欢他们……我相信他们一定能带领师生员工取得成功。"为了实现新的目标,他对全校师生员工提出希望:"要靠新领导班子领导大家进行第三次创业,要靠全体教职员工勤奋教学、努力科研,更要靠同学们刻苦学习、早成大器和报效母校、报效祖国,我相信经过第三次创业,这个愿望一定能很快变成现实。"亲切的话语、殷切的期望,给了我们莫大的激励和鼓舞,有力地指导了我们后来的工作。每次因为工作需要赴京,我都尽可能想办法抽空去看望严老,向他汇报学校工作,严老总是问长问短,仔细询问学校的各方面情况,并热情地鼓励我们放手大胆地工作,使我们受教良多,获益匪浅。

严老一直关注着学校的每一个重点建设项目,特别对合肥国家同步辐射实验室更是爱护有加。1984年工程奠基时,他亲临学校为奠基题词,并培上了第一锹土。1991年12月工程竣工接受国家验收时,严老不顾年迈,冒着漫天大雪,又一次从北京赶到合肥,亲自为工程竣工剪彩,并且在验收会上发表了热情洋溢的讲话:"今天我特别高兴,因为我又来到了安徽,回到了中国科大,并且亲自看到了我7年前参加奠基的合肥国家同步辐射实验室通过了专家鉴定和国家验收。"从奠基到剪彩,中间经历了难忘的7年时间。7年间,严老始终关注着工程的建设和进展,每逢学校的同志去看望他,他总要询问工程的有关情况。为了工程的顺利建设,他积极争取各方面的支持和帮助,为其创造了良好的外部环境。

严老不仅直接领导和指导学校的各项建设,关心学校的发展,还多次致信中央有关领导同志,为中国科大的建设和发展寻求支持。1983年12月8日,他亲笔致信邓小平同志,要求将中国科大列为"七五"期间国家重点支持的大学,得到邓小平同志的肯定批示:"据我了解,科技大学办得较好,年轻人才较多,应予扶持。"这对学校新校区的建设和80年代的发展,起到了很大的推动作用。1992年10月间,严老又致信江泽民、李鹏同志,转呈了中国科学院学部委员中部分中国科大兼职教授关于把中国科大列为"八五"期间国家重点支持的学校的建议书，江泽民、李鹏、李铁映同志都对此表示了关注，为学校的"八五"建设作出了重要的贡献。就在严老逝世前几个月的1996年五六月间，他仍不顾年迈体衰，十分关注由钱临照、唐孝威两位院士倡议、有34位院士签名的关于集中力量全面建设、充分利用同步辐射光源的建议，并将建议书转交给中央有关领导同志。可以告慰严老的是，现在国家同步辐射实验室二期工程已被国家科技领导小组批准作为国家"九五"期间的大科学工程项目。严老对中国科大建设和发展一以贯之的关怀和支持，深深教育和感染了一代代科大人，在所有科大人的心中留下了不可磨灭的印象。

严老还不惜才华，不吝墨宝，无数次为中国科大挥毫题词，把自己严谨不苟的治学态度和坦荡深广的胸襟修养熔注在那雍容端庄、神采飞扬的铁画银钩之中。1988年5月严老为郭沫若铜像上邓小平同志的题签书写了说明。同时，他还亲笔题写"创寰宇学府，育天下英才"作为中国科大建校30周年的贺词，为学校的长远发展描绘了宏伟的蓝图，在广大师生中引起强烈的反响，这也成为我们中国科大前进的动力和远大的奋斗目标。

严老虽然永远离开我们了，但他那热爱党，热爱祖国，热爱社会主义的崇高思想境界；献身科学，追求真知，忘我耕耘，无私奉献的良行俊德；严谨求是，刻苦勤勉，至老不息的优良作风都将成为中国科大乃至全国科技界宝贵的精神财富，是所有科大人景仰效法的榜样。今天，我们科大师生员工在严老逝世一周年之际纪念他，缅怀他，一定要继承严老的遗志，学习他热爱科大、关心科大、为科大无私奉献的崇高精神，全身心地投入到学校的第三次创业和"211工程"建设中来，努力实现严老为我们提出的"创寰宇学府，育天下英才"的宏伟目标，把学校建设成为具有较高国际知名度和中国特色的社会主义现代化大学，为国家的科技教育事业的繁荣，为"科教兴国"战略的实施，作出更大的贡献。

档号：2004-RW13-1-2996

纪念严老

——写于严济慈教授逝世一周年之际[1]

汤拒非[2]

严济慈教授离开我们已经一年了。像严老这样长寿，而又影响巨大的科学家，在历史上也是很少有的。他的一生，经历了几乎整个20世纪，这正是我们国家民族多灾多难的时期，是整个世界发生巨大变化的时期。严老以其天生的聪明才智，在这样长的时间里，投身到科学和教育事业的行列中，与国家民族同呼吸，共命运，奋斗终生。无论在科学界或教育界，他的贡献都是不可磨灭的。

1958年，我第一次见到严济慈教授。当时，中国科学院在北京创办了中国科学技术大学，严老亲自讲授一个大班级的物理课。我从中国科学院原子能研究所调到中国科大，担任了严老讲课的辅导工作。从此，我开始跟严老有了工作上的联系。我发现严老讲授的物理课，自成系统，很有特色。当时，全国崇尚学习苏联，国内讲授物理课程都以苏联教本为依据，亦步亦趋，很少有自己的见地。严老则不然，常常不拘泥于教本上的内容观点，独辟蹊径，浑然一体。在课堂上严老还常常告诫同学，物理是一门重视实验的学科，没有实验也就没有理论，因此必须多注意实验事实，学到的理论也应当多注意它的应用。严老提倡熟能生巧，认为学到的知识应当进一步熟练它、运用它，让知识在头脑中转动起来。对待知识，严老常告诉同学，它是经过人的头脑加工的产物，不是一些现象简单地堆积。学习知识必须多多思考，方能融会贯通，就像人用眼看物体，物体在人的视网膜上所成的像本来

---

[1] 本文载于1998年3月《东阳文史资料选辑》第14辑。

[2] 汤拒非，1985年7月至1992年9月任中国科学技术大学研究生院常务副院长。

是倒立的，但人能作出正确的判断来，这就是大脑作用的结果。对于书本知识，严老还经常提醒同学，中国有一句古话"尽信书，不如无书"，因为科学是发展的，人类的知识，也在发展。

和严老相处，深觉严老对人对事，忠厚朴实之风令人感动。每当提起往事，严老总以尊敬的口气谈到他的前辈，如何鲁、胡刚复、熊庆来老师以及他在法国留学时的导师法布里等人。对于他的同事或同辈之人，总以赞扬的口气，称赞他们的优点和工作成绩，如叶企孙、吴有训教授等。纵观严老一生，受他教育和启发的晚辈是太多了，但即使是相差十岁的晚辈，严老也始终以平等待人的方式相处，使人感到和蔼可亲。

"文化大革命"期间，大学停止招生，人才的培养被迫中断，严老感到无比心焦。"文化大革命"结束后，严老虽已年逾古稀（78岁），又在中国科学院任副院长，工作繁重，但他仍毅然出来，兼任我国第一所研究生院（中国科学技术大学研究生院·北京）首任院长。建院伊始，困难是很多的，首先是没有校舍，其次是没有教员（仅有二十几位集中起来的教员），而且大学已经10年没有招生，学生来源成了问题。还因为这是我国建立的第一个研究生院，行政工作人员不熟悉业务。针对上述种种困难，严老谈了他的见解，说他当年留学国外，注意到法国曾经有过没有教员（指没有自己的专职教员，教员从其他学校遴聘）的学校，也有一个没有学生的学校（学生从社会上来，自由听课），还有一个没有校园的学校（教室在外面租用），因此并不可怕。严老还指出，全体中国科学院的研究员都是研究生院的老师，教员的问题是可以解决的。经过短时间的筹备，研究生院于1978年第一次招生，报名人数异常踊跃，共录取研究生1000余名。一时，院内人才荟萃，学风鼎盛。为了与国际学术界接轨，为了提高研究生的学习水平，严老更力主开门办学，邀请国内外著名学者来校讲授课程。于是，从北美到西欧，从苏联到澳大利亚，每年都邀请许多著名学者来校讲学访问和进行学术交流。其中最为大家称道的，是1979年和1986年两次重大的讲学活动。这两次讲学活动都由严老主持，分别邀请李政道、杨振宁两位世界闻名的华裔学者来校讲学。参加听讲的，除了本校的师生外，还有来自全国各高等学校的研究生和教师，济济一堂，极一时之盛。上述办学过程和组织讲学活动，充分体现了严老高瞻远瞩的教育思想，给人以极深刻的印象和长久的回忆。

20世纪六七十年代，人们的思想，有的比较消沉，青年学生中也有一些人信心不足。针对这种情况，严老提出，搞科学研究，就是要努力攀登，不畏艰险，就是要"好高骛远"，勇往直前，以此来激励年轻一代奋发图强，积极进取。

严老给后人留下的精神财富，以及他对教育和科学事业的忠诚，不是短短几句话所能表述的。纸短情长，言有尽而意无穷。谨以此寄托我对严老的思念。

在中国科学技术大学严济慈铜像揭幕仪式上的致谢辞

严武光[①]

（1998年9月20日）

今天能有机会参加我父亲严济慈铜像揭幕仪式，心情非常激动。这是中国科学技术大学教育和培养青年的一项重要措施，也是对我父亲的怀念。请允许我代表全部家属向中国科学院领导、郁文同志、科技大学领导、校友们、全体师生员工和来宾们表示衷心的感谢。

按安排，我用5~6分钟从家属的角度对我父亲的生平作一简介。我父亲严济慈是浙江东阳人，1900年农历腊月初四出生，世纪同龄人。他的一生分成五个阶段。1927年以前是求学。他经常向我们回忆这一阶段老师们的教育和培养。中学校长程品文、英文老师傅东华对他的培养，使他由一个贫穷的农村孩子在1918年以连中三元的成绩考入南京高等师范。他入大学时最初进的是商科，在胡刚复、何鲁和熊庆来等恩师的引导下走上了热爱科学、热爱教育、热爱祖国的道路，参加了五四运动和中国科学社。1923年东南大学毕业后就自费前往法国留学，师从法布里。法布里本人从事光谱学研究，法布里和从事镭学研究的居里夫人以及从事电磁波在介质中传播研究的朗之万关系非常密切，形成了一个学派。我父亲严济慈在这个学派的熏陶下成长起来。第二阶段是从1927年回国到1937年开始抗日，他先在上海南京教书和参加中央研究院的筹建工作。1930年第二次从法国回来，当时正是当官的去南京、发财的去上海的时候，他毅然决定留在北平专心致力于科学研究，参与创建了北平研究院物理研究所，开始了近代物理研究，主要在以下两个方面，一是晶体的电致伸缩和振荡，二是光谱学和一些谱线在大气中吸收系数

---

① 严武光，严济慈四子，中国科学院高能物理研究所研究员。

的测定。除科研外,1932年我父亲在朗之万的建议下积极筹组了中国物理学会,请李书华和叶企孙先生担任会长。从1931年到1937年由他负责面试和选派赴美、英、法的物理留学生。现在80~90岁的老科学家中有一些人是经他选派出国的。第三阶段是抗日战争,"七七"事变时,我父亲正在巴黎,参加了一些抗日活动和发表了抗日言论,因此我们家在北平受到了迫害,我七妹被日本人毒死。我父亲无法回北平,只得投奔在昆明的熊庆来老师。他在昆明号召北平研究院的同事聚集到昆明共同抗日,从事军用光学仪器和水晶振荡器的研制,为抗日和盟军服务。为此,在抗日胜利时获得为抗战胜利而颁发的景星勋章,并受邀赴美讲学。第四阶段是新中国成立后在党的领导下跟随吴玉章、郭沫若、竺可桢、李四光、吴有训等参加筹建全国科协、中国科学院、中国科学技术大学和研究生院,工作了近50年。对这一阶段大家比较熟悉,刚才朱清时校长已作了介绍,我就不多讲了。最后一段是1983年当选全国人大常委会副委员长。他曾多次讲道:"这是因为在原来的副委员长和国家领导人中从没有搞科技的,要增加一位科技人员,在科技方面有成就的人很多,选中我完全出乎我的意料。"在这一阶段除了日常的社会活动外,还有两件事。一是CUSPEA,这是大家所熟悉的,研究生院和中国科学技术大学许多老师参加了这项工作。1984年、1985年,社会上有些人对这项工作提出了指责,说办错了,办坏了,出国的留学生不回国,造成人才流失。我父亲明确地回答说,派留学生去学习先进的科学技术是必要的,应该回来。没回来,一是时间没到,一是社会问题,有多方面的原因,不能因噎废食。他坚持按原计划办完了九期,打通了留学的渠道。另一是大约在1986年,我父亲在《参考消息》上看到有人要把国外的核废料进口埋在我国,感到十分惊讶。经调查,确有其事。他大为愤怒,认为这是影响我们子孙万代的祸害,在许多场合提出必须立即制止这些活动,最后得到了党和国家最高领导的重视和支持,制止了进口核废料的活动。

就谈到这儿。最后再次向中国科学院领导、科技大学领导、郁文同志、校友们、全体师生员工和来宾们前来参加我父亲严济慈铜像揭幕仪式表示感谢!祝科技大学在"创寰宇学府,育天下英才"的道路上,不断为"建设一流大学,培育一流人才"作出新的成绩!

档号:1998-XZ11-17-2

创寰宇学府　　育天下英才

——在纪念严济慈先生诞辰120周年座谈会暨严济慈教育思想研讨会上的致辞

包信和[①]

（2021年1月17日）

各位领导、各位来宾：

大家上午好！

今天，我们在这里隆重举行纪念严济慈先生诞辰120周年座谈会暨严济慈教育思想研讨会，深切缅怀我们尊敬的老校长严济慈先生，瞻仰他的光辉业绩，追忆他的人生之旅，探讨他的科学、教育思想，以此来追思严济慈先生的重大贡献、家国情怀和崇高风尚，弘扬严老的科学家、教育家精神。

严老是我国著名物理学家和教育家，我国现代物理学研究开创人和我国光学仪器工业的奠基者之一，中国科学技术大学和中国科学院大学的创办人之一。他是世界知名物理学家，"让科学研究在中国大地生根"是他一生为之奋斗的理想。他关心学生和同事们成长，不遗余力提携后学，为我国培养了大批卓越的科技人才，如陆学善、钱临照、余瑞璜、钱三强、彭恒武、钱伟长、顾功叙、王大珩、吴学蔺、杨承宗等。

1923年，严老同时毕业于南京高等师范学校和东南大学物理系。他是首个拿到法国国家博士学位的中国人，也是最早开展水晶压电效应研究的中国人。1948年，当选为中央研究院院士，加入了九三学社。1949年，任中国科学院办公厅主任兼中国科学院应用物理研究所所长。1958年，严老担任中国科学技术大学筹备委员会委员，自此近40年历任学校副校长、校长、名誉校

---

① 包信和(1959.8—　)，2017年6月至2024年10月任中国科学技术大学校长。

长等职。1978年，中国科大研究生院在北京正式成立，严老出任中国首个研究生院的首任院长。位于玉泉路旧址的中国科大研究生院，即是今天的中国科学院大学。1979年，严老与李政道联合发起、共同建立了中美联合招考赴美物理研究生项目CUSPEA，培养年轻的物理学留学人才。因此，我们今天汇聚一堂，共同来纪念严济慈先生。

在1988年5月中国科大建校30周年之际，严老亲自为学校题词："创寰宇学府，育天下英才。"这一题词寄托了老校长的深情厚望，成为学校发展的宏伟目标。如今，中国科大几乎在每一年的开学典礼、毕业典礼等重要场合，都会将严老的这一深情寄语置于主席台两侧，以此激励着全体师生共同努力，建设中国特色、科大风格的世界一流大学。

"创寰宇学府，育天下英才"，是严老对中国科大的殷切期望，背后凝聚着他丰富的科学和教育思想。在长期的科学、教育的成功实践中，严老始终思考和前瞻世界科技前沿问题，及时凝练和总结科学研究规律，注重在实践中发现人才、培养人才、提携人才，及时凝练和总结人才成长规律。他深邃的科学思想和教育理念，一直指导着中国科大前进。

严老所说的"创寰宇学府"，就是要坚持创新立校，办出中国特色、科大风格的世界一流大学。

中国科大是一所因创新而屹立的大学，始终以创新立校、以创新为魂。严老强调"做学问的核心是创新"。1980年，严老根据自己在中国科大上台执教的经历和思考，在《人民教育》上发表了《谈谈读书、教学和做科学研究》一文，认为科研工作最大的特点在于探索未知，必须有所创新。"所谓创新，就是你最先解决了某个未知领域或事物中的难题，研究的结果应该是前人从未有过，而又能被别人重复的，得到的看法应该是从来没有人提出来，而又能逐渐被别人接受的。"这一思想深刻地影响着中国科大发展，至今仍指导着中国科大的创新工作。从同步辐射到铁基超导，从"墨子""悟空"卫星到"九章"量子计算原型机，建校60余年来，中国科大执着攻关创新，埋头于世界科技前沿潜心钻研，在量子信息、高温超导、热核聚变、单分子科学、人工智能、纳米材料等领域创造了一项项世界瞩目的原始创新成果。

严老认为中国科大必须办出特色，要有显著的不同于其他大学的标志，发展不要求多求全，规模要小一点，条件要好一点，为国家培养出一流的科学家。1963年，他提出要办一个国际上没有的零零班，入学不分专业，培养一批具有广泛、坚实科学基础的科学技术研究人才。他认为，中国科大入学新生必须是高质量的，要经过严格挑选，在学习过程中还要有所淘汰，要多聘请研究所专职研究员兼职授课，课程安排必须重视实验，重视联系科学研究的实际；中国科大要开放办学，"请进来""走出去"，加强国际学术交流。严老的这些教育思想正是中国科大"精品办学　精英教育"和规模适度、结构合理、质量优异的办学特色之渊源。

严老所说的"育天下英才"，就是要潜心立德树人，培养德智体美劳全面发展的社会主义建设者和接班人。

严老提倡大学的教学和科研要结合起来，做科研的人要教书，教书不仅能够传授给学生知识，也能促使自己学习更多的知识，实现教学相长。他全面贯彻"全院办校，所系结合"办学方针，推动研究所和中国科大各系之间的合作，并率先垂范，为中国科大学生讲授基础课；推动中国科大学生到中国科学院各个研究所进行科研实习，希望中国科大学生具备"现代的实验技能"，成为国家需要的人才。他还主张探索因材施教、培养顶尖人才的教育模式。如今，中国科大有个不成文的规定，院士也要上讲台。"两段式、三结合、长周期"人才培养模式，即深深受益于严老的教育思想。而少年班、科技英才班和百分百自由选专业等措施，已成为中国科大人才培养的名片。

严老始终重视基础课教学，主张打牢数理基础、瞄准前沿交叉问题。他重视中国科大基础课教研室的建设，采取切实有效措施保证学校基础课的教学质量，保证高水平教师能精心从事基础课教学。他要求学校培养过程中使学生具有"宽厚坚实的基础理论知识"和工作中"较强的适应能力"，而不是仅仅面向个别研究所的窄口径。他鼓励学生"把自己的专业基础打得扎扎实实，还要使自己的知识面尽可能宽一点，在精而广的基础上锻炼自己的独创能力"。中国科大从而形成了"基础宽厚实、专业精新活"的人才培养理念。听过严老课的"三千弟子"，现已成为各行各业的精英，赵忠贤、白以龙、郭光灿、王震西、陈立泉等都当选为两院院士。其中，赵忠贤院士获得国家最高科学技术奖，郭光灿院士如今近80岁高龄依然活跃在中国科大的科研教学一线。

严老始终以中国科大为家，视中国科大为"掌上明珠"。严老晚年很少出门，但几乎每年都要到中国科大一次，与学校领导、教师、学生座谈，察看学校发展状况。1991年12月，中国科大国家同步辐射实验室在合肥举行国家鉴定和验收仪式。严老时年91岁，行动极为不便，学校本以为他不会亲自来合肥。但严老在儿子的陪护下，冒着漫天飞雪来到中国科大。在仪式上，他动情地说："我今年过了90岁，很少出远门，但是我特别喜欢来安徽，回科大。到科大，我就觉得年轻多了，因为中国科大是安徽省和全国人民以及中国科学院的骄傲，也是我的'掌上明珠'，我每次来都看到她放出新的光彩。"

严老的一生是追求真理的一生，是献身科学和教育事业的一生，是为党和人民事业奋斗不息的一生。严老对祖国和人民无限忠诚，自觉把个人志向与民族振兴紧紧联系在一起，是我国知识分子的典范，是我们学习的楷模。

斯人已去，思想长存。

我们将永远怀念敬爱的老校长，大力弘扬他爱国奉献、淡泊名利的崇高品德，严谨求实、科学民主的优良作风，专心治学、献身科学的钻研精神，培养人才、甘为人梯的高尚情操，努力在实践中将他的科学和教育思想不断发扬光大。

"创寰宇学府，育天下英才"，中国科大将面向世界科技前沿、面向经济主战场、面向国家重大需求、面向人民生命健康，潜心立德树人，执着攻关创新，努力办出中国特色、科大风格的世界一流大学，为实现中华民族伟大复兴的中国梦作出新的贡献，不负严老的谆谆教导和殷切期望。

谢谢大家！

在严济慈先生生平档案资料捐赠仪式暨"科学之光——严济慈先生纪念展"揭幕仪式上的讲话

严慧英①

（2023年4月20日）

尊敬的舒书记、包校长、邓书记，亲爱的老师们、同学们：

大家，上午好！

今天我哥哥严小雄和我来到中国科大，代表我们全家人出席严济慈先生生平档案资料捐赠仪式暨"科学之光——严济慈先生纪念展"揭幕仪式，非常高兴！严小雄是爷爷的长孙，也是中国科大的校友，我们一起以这种方式缅怀爷爷严济慈。

爷爷是老一代科学家和教育家的代表，爷爷的这些资料物品不仅是宝贵的历史文物，也是我们研究他和他那个时代的科学家们的重要史料。

1958年9月20日，中国科学技术大学正式成立。时年58岁的爷爷也就此开启了他作为教育家的晚年生涯，直至1996年11月2日离世。在这38年的岁月里，爷爷的生命与中国科大紧密相连，荣辱与共。他对自己晚年能够亲身教育后人、培养人才感到欣慰和自豪，他视中国科大为自己的"掌上明珠"。人们至今仍记得他在中国科大礼堂讲课的盛况，津津乐道于他上课"不按常理出牌"的趣闻，深切感怀他创立"少年班"的不拘一格，以及CUSPEA项目的高瞻远瞩。爷爷晚年有很多职务头衔和荣誉称号，每当我们问他最喜欢别人叫他什么时，他总是马上回答道："当然是老师咯！"每当有中国科大的师生来访，爷爷总是特别高兴，非常健谈。他说："科大的同学

---

① 严慧英（1964.2—　），严济慈孙女，九三学社中央委员、全国政协委员。

们,男生个个想成为爱因斯坦,女生个个想成为居里夫人,让我如何不爱他们!"同样,中国科大的同学们大概也都感受到了爷爷的慈爱和关怀,不论是聆听过他的教诲,还是未曾谋面的同学,都对这位曾经的老校长有着几分爱戴。记得我上一次来中国科大时,在爷爷的雕塑边上遇见一位女同学,她每当考试前或遇到挫折时,总会来到爷爷的塑像前默默祈祷,希望得到老校长的保佑和指点。

爷爷的晚年与中国科大休戚相关,相映生辉。他去世后,中国科大的师生们始终没有忘记他的贡献,并给予了高度评价,中国科大的师生们也始终没有忘记他的嘱托,继承了他的爱国情怀和科学精神,并发扬光大,以科学报效祖国,在科技创新、建设现代化强国的奋斗中作出了巨大贡献。正因为此,我和家人们经过认真考虑决定,将爷爷的生前物品捐赠给他的"掌上明珠"——中国科学技术大学。我们认为爷爷的物品保存在中国科大,是最佳的归宿。记得当初我和家人们刚有捐赠的想法时,有好几个机构的人前来跟我们洽谈,当时方黑虎老师提出,他先安排人手对爷爷的资料进行整理、归档,以避免这些物品放在我家的地下室里随时可能遭遇各种损害。方老师对我说:你们最后决定捐给谁不重要,重要的是,要尽快整理,而不要让这些珍贵的文物因保存不善而遭破坏。方老师领着他的小伙伴同事们,在我家的地下室里整整工作了一个星期,不辞辛苦,仔细梳理文物资料,并分类归档。在这整个过程中,侯院长、包校长也一直给予关照和支持。这让我们非常感动,也更让我们觉得将爷爷的文物资料交给中国科大是最正确的选择。感谢包校长、方老师,以及中国科大的师生们为整理、保存爷爷的文物资料付出的心血和努力!

我们从爷爷的书信物品等资料里看到了他的思想、精神、成就和经历。他的一生,是艰苦奋斗的一生,是成就斐然的一生。他的一生都沉醉于科学研究,以及为科学研究培育人才。爱国家、爱科学,是他矢志不渝的信念;爱家人、爱学生,是他质朴敦厚的情义;将个人的学识和爱好服从于国家的需要,是他兢兢业业的行动;脚踏实地,耐得住寂寞,"勇于好高骛远,善于实事求是"是他为科学发展和培养人才作出巨大成绩的"秘诀"和"法宝"。当年,他留学法国获得博士学位后,毅然归国,倾全力"让科学在中国的土地上扎根";当国家面临生死存亡的危难时刻,他毫不犹豫地放弃自己心爱的基础专业研究,不顾个人安危,毅然投身到抗日救亡的工作中,带领科研同仁全力从事应用光学的研究,为抗日前线生产显微镜、望远镜、无线电发报机等,用科学知识为抗战、为国家效力;当百废待兴的新中国需要他转行从事科学管理工作时,他秉持国家科学事业的大局观,欣然投身于中国科学院以及后来的中国科学技术大学的创建和发展等工作,任劳任怨,鞠躬尽瘁。

爷爷的一生留下了可供无限追忆的事迹和精神财富。我们希望捐赠的物品能够让后人感悟到爷爷和他那一辈的科学家们的爱国情怀和科学精神,共同追忆他们为我国的科学事业和教育事业作出的卓越贡献,学习他们爱国、爱家、爱科学的崇高精神和博大情怀,从而勉励我们在继承与创新的征途中,书写新时代的最美篇章。

最后,再一次感谢中国科大的领导和师生们,感谢你们郑重接收爷爷的档案资料,并给予妥善安置。爷爷严济慈和中国科大永远在一起!

谢谢大家!

严济慈 科学之光

大事记

大事记

- 1901年1月23日，出生于浙江省东阳县下湖严村一户普通农民家庭。
- 1914年2月，以第一名成绩考入东阳县立中学。
- 1918年6月，以第一名成绩毕业于东阳县立中学。
- 1918年7月，参加全国六所高等师范学校联合招生考试，获全省第一名；参加南京高等师范学校招生复试，再获第一名。
- 1918年9月，进入南京高等师范学校商业专修科学习。
- 1919年9月，转入南京高等师范学校工业专修科一年级学习。
- 1920年9月，又转入南京高等师范学校数理化部二年级学习。
- 1923年6月，以第一名成绩毕业于南京高等师范学校数理化部和东南大学物理系，成为东南大学第一个毕业生。
- 1923年8月，编著的《初中算术》（上、下册）由商务印书馆出版发行。
- 1923年10月12日，从上海乘邮轮自费赴法国留学，于11月13日抵达巴黎。
- 1925年7月，获巴黎大学理学硕士学位。
- 1925年10月15日，被法国著名物理学家夏尔·法布里接收为研究生。
- 1927年6月22日，宣读博士论文，创造性地采用单色光干涉法进行测量，在世界上首次精确测定压电效应"反现象"，并发现光双折射的新效应，获得法国国家科学博士学位。
- 1927年7月29日，启程回国。
- 1927年9月，应聘同时担任上海大同大学、中国公学、暨南大学和南京第四中山大学数学、物理教授。
- 1927年11月11日，在南京与张宗英结婚。
- 1928年1月，5年前编著的《几何证题法》由商务印书馆出版发行。
- 1929年1月，携夫人张宗英离上海再次赴法国从事科学研究。
- 1930年12月，向居里夫人推荐郑大章到居里实验室工作。
- 1930年12月，回国到北平定居。
- 1931年1月，任国立北平研究院物理研究所专任研究员兼所主任（后称所长），并立即着手筹建北平研究院镭学研究所。
- 1932年1月初，北平研究院镭学研究所成立，兼任所主任（后称所长）。

- 1932年5月，指导钱临照完成北平研究院物理研究所第一项研究课题，并在《法国科学院周刊》上发表论文——《压力对照相片感光性之影响》，这是第一篇我国科学家在国内取得的研究成果在该刊发表的论文。
- 1933年8月，出席中国物理学会第二届年会，当选为秘书。
- 1935年1月19日，当选为法国物理学会理事。
- 1936年，当选为中国科学社理事会理事。
- 1937年5月21日，乘轮船第三次赴法国出席会议。
- 1937年7月15—16日，代表中国出席在巴黎举办的第二次世界文化合作各国协会联合会议及第19次世界文化合作协会大会，在会上发言揭露日寇侵华暴行，提请世界舆论公开谴责日本侵略者轰炸古都北平的罪恶企图。
- 1937年9月，带钱三强到居里实验室见伊莱娜·奥里约-居里，向她当面推荐钱三强。
- 1937年10月，参加巴黎国际博览会科学发明陈列馆会议。
- 1937年12月，出席法国物理学会理事会会议。
- 1938年初，离开法国回国。
- 1938年下半年，领导北平研究院物理研究所辗转迁滇，至市郊黑龙潭龙泉观的破旧古庙里。
- 1940年，在昆明市郊黑龙潭主持购地工作，以建造简易房屋，将北平研究院物理研究所迁出龙泉观。
- 1943年11月，获国民政府中央文化运动委员会奖状。
- 1945年7月，应美国国务院邀请，作为访问教授赴美讲学一年。
- 1946年2月，因妻张宗英患病住院，提前从美国启程回国。
- 1946年夏，获国民政府颁发的三等"景星勋章"。
- 1947年夏，自昆明经上海回北平，着手恢复重建北平研究院物理研究所。
- 1947年10月，编著的《普通物理学》（上、下册）由正中书局出版。
- 1948年3月25日，当选为中央研究院首届院士。
- 1948年7月，编著的《高中物理学》（上、下册）由中国科学图书仪器公司出版发行。
- 1948年9月，编著的《初中理化课本》（一、二、三册）由中国文化服务社出版。
- 1948年10月9—11日，出席中国物理学会和中国科学社在南京举行的联合年会，当选为中国物理学会理事长。会后动身去昆明。
- 1949年3月25日，回到北平。
- 1949年5月4日，在北平出席中华全国民主青年第一次代表大会暨五四运动30周年纪念会。6日，在大会上作《青年与科学》的专题报告。
- 1949年7月13—18日，在北平中法大学礼堂出席中华全国自然科学工作者代表会议筹备会第一次会议，并被选举为秘书长。
- 1949年9月中旬，郭沫若到北平研究院物理研究所邀请严济慈参加中国科学院的筹建工作。
- 1949年9月21—30日，出席在中南海怀仁堂举行的中国人民政治协商会议第一届全体会议，当选为全国政协委员。
- 1949年10月1日，出席中华人民共和国开国典礼。
- 1949年10月15日，被任命为中国科学院办公厅主任。
- 1950年3月，当选为九三学社第一届中央理事会理事。
- 1950年5月19日，被周恩来总理任命为中国科学院应用物理研究所所长。
- 1950年11月6日，中国物理学会第十六届年会在上海举行，再次当选为理事长。
- 1951年5月30日，离京参加西南土地改革工作团川北队，任副队长。
- 1952年7月11日，被中央人民政府政务院任命为中国科学院东北分院院长。
- 1953年1月14日，被中央人民政府、毛泽东主席任命为东北行政委员会委员。
- 1955年6月1—10日，出席中国科学院学部成立大会，被选聘为物理学数学化学部学部委员（后改称院士），并兼任技术科学部主任。
- 1956年1月28日至6月14日，参加编制《1956—1967年科学技术发展远景规划》。

- 1956年3月14日，国务院成立科学规划委员会，为35名委员之一。
- 1956年底，任中国科学院赴苏考察团团长，对苏联钛冶金、半导体、自动化、电子学、电工、机械、动力等7个领域进行考察。
- 1957年5月23—30日，出席在北京召开的中国科学院第二次学部委员大会。27日，在大会上作《中国科学院赴苏考察团工作报告》，提出发展我国有关科技领域的意见。
- 1958年6月2日，中央书记处会议批准中国科学院拟创办中国科大的报告，被中国科学院任命为学校筹备委员会9名成员之一。
- 1958年8月14日，出席中国科大筹备委员会第二次会议。会议明确吴有训、严济慈、华罗庚等30多名教授为基础课任课教师。
- 1958年9月，当选为中国科协书记处书记。
- 1958年9月20日，出席中国科大开学典礼。重登讲台，讲授普通物理和电动力学达6年之久。
- 1961年3月7日，被中央批准兼任中国科大副校长。
- 1961年4月22日，周恩来总理签署严济慈中国科大副校长任命书。
- 1961年6月5日，经中国科大校领导会议明确分工，负责分管全校教学及技术物理、无线电、自动化、地球物理等4个系及物理、机电2个教研室和教务处。
- 1961年9月9日，主持召开中国科大第一次校务委员会全体会议，决定成立校务常务会议等事项。
- 1961年10月5日、23日和11月20日，主持召开中国科大校务常务会议，讨论通过教学有关规定等事项。
- 1962年5月21日，主持召开中国科大校务常务会议，通过聘请55人担任专职、兼职专业课教研室正、副主任名单等。
- 1962年10月28日、11月4日和11日三次主持召开中国科大专业课兼职教师座谈会，会上听取在中国科学院各研究所工作的科学家们的意见。
- 1962年12月29日，主持召开中国科大研究生导师座谈会。
- 1962年，领导中国科学院技术科学部全体学部委员和有关专家制定了

《1963—1972年科学技术发展规划纲要》和15个技术科学学科规划。

- 1962年，就中国科大专业调整问题致信武汝扬副校长。
- 1963年7月14日，与陈毅副总理、聂荣臻副总理及郭沫若校长、杨秀峰部长等一起出席中国科大首届毕业典礼，共有1600多人毕业。
- 1964年1月，将在中国科大的讲义系统整理成书——《电磁学》，并交付高等教育出版社准备出版。
- 1964年2月28日，中国科大成立专业调整与课程调整委员会，出任该委员会主任。
- 1964年12月20日至1965年1月4日，出席第三届全国人民代表大会第一次会议，当选为第三届全国人大常委会委员。
- 1965年7月，编著的《热力学第一和第二定律》由人民教育出版社出版发行。
- 1965年8月，应科学出版社之约，撰写完成科普系列丛书《居里和居里夫人》书稿。
- 1977年8月5—13日，出席中国科学院在北京召开的第一次中国科大工作会议。会议提出中国科大既要成为教学中心，又要成为科研中心。
- 1977年10月20日，在《人民日报》发表《为办好研究生院而竭尽全力》一文，谓"古稀之年……决心为培养我国青年一代的科学技术人才而竭尽全力"。
- 1978年2月，出任中国科学院副院长。
- 1978年3月31日，经国务院同意，任中国科学技术大学研究生院院长。
- 1978年4月17—29日，与中国科学院李昌副院长率18位科学家到安徽合肥中国科大，就贯彻全国科学大会和全国教育工作会议精神以及进一步落实党中央、国务院批准的《关于中国科学技术大学几个问题的报告》进行调查研究。
- 1978年4月29日，为中国科大题词："谨祝中国科学技术大学在教育科研事业中，百花盛开，捷报频传，人才辈出，群星灿烂。"
- 1978年4月29日，为中国科大少年班学生题词："你们是初升的太阳，希望寄托在你们身上。"

- 1978年6月上旬，到北京医院探望郭沫若。
- 1978年6月13日，与李昌副院长将4月中下旬赴合肥的调查研究撰写成《关于中国科技大学一些情况的汇报》，呈方毅副总理，并报邓小平副主席。
- 1978年10月9日，中国科学技术大学研究生院首届研究生开学典礼在北京原中国科大礼堂举行，共招收研究生1015人。
- 1978年10月20日，在巴黎代表中国科学院与法国国家科研中心总主任罗贝尔·沙巴尔签订双方科学合作协议。
- 1979年4月2日至5月18日，邀请李政道教授到中国科学技术大学研究生院讲学。
- 1979年5月14日，代表中国科学院与意大利国家研究委员会主席埃·夸利亚里埃罗在中意科学合作协议上签字。
- 1979年10月11—20日，出席九三学社第三次全国社员代表大会，当选为第六届中央委员会副主席。
- 1979年，与李政道教授共同倡议合作组织中美联合招考物理研究生赴美国大学攻读博士学位（CUSPEA）项目，获党中央、国务院领导和教育部门的同意，任中方招考委员会主席。
- 1980年1月24日，代表中国科学院与美国国家航空和宇宙航行局局长罗伯特·弗罗歇签订双方谅解备忘录。
- 1980年1月26日，中国科学院办公厅党支部开会，被同意接纳加入中国共产党，介绍人为郁文、秦力生同志。
- 1980年2月15—23日，出席中国科协第二次全国代表大会及第二届全国委员会第一次会议，当选为副主席。
- 1980年2月22日，兼任中国科大校长。
- 1980年9月14日，出席中国科学技术大学研究生院英语培训中心开学典礼并讲话。
- 1981年3月24日，中共中国科学院党组批复组成中国科大校务委员会，任主任委员。
- 1981年10月20—29日，与王淦昌、张文裕、郁文等到中国科大检查指导教学、科研和新校区建设规划等工作，并出席"合肥同步辐射装置预研制及物理设计审定会"。

- 1981年10月29日，为中国科大师生题词："教书要深入浅出，学习要浅入深出，愿与我的同事、同学们共勉之。"

- 1981年12月16日，写给1981届研究生的祝贺词："承前启后不甘后，青出于蓝胜于蓝。热烈祝贺我校一九八一届研究生毕业并寄赠全体研究生同学们。"

- 1982年6月25日，出席中国科大和日本东京大学工学部学术合作协议签字仪式。

- 1982年12月20—25日，出席中国物理学会第三次会员代表大会，当选为名誉理事长。

- 1983年5月27日，出席国务院学位委员会和北京市人民政府联合召开的我国首批博士和硕士学位授予大会。首批18名博士中，7人为中国科大所培养。

- 1983年6月6—21日，出席第六届全国人民代表大会第一次会议，当选为第六届全国人大常委会副委员长。

- 1983年9月1日，出席中国科学技术大学研究生院1983级开学典礼并讲话。

- 1983年12月8日，给邓小平同志写信，要求将中国科大增列为"七五"期间国家重点建设的大学。14日得到邓小平同志的批示："据我了解，科技大学办得较好，年轻人才较多，应予扶持。"

- 1983年底，会见并宴请应邀到中国科学技术大学研究生院讲学的杨振宁教授。

- 1984年4月21日，出席中国科学技术大学研究生院学术委员会第一次会议并讲话。

- 1984年6月25日至7月4日，受国家计委委托，中国科学院在北京召开北京正负电子对撞机工程和合肥同步辐射加速器工程扩大初步设计审查会，出席并讲话。

- 1984年7月，为1984届毕业生题词："心向母校，志在四方；振兴中华，

严济慈：科学之光

气贯寰宇。热烈祝贺七九级同学们毕业。"

- 1984年9月17日，中国科学院决定，严济慈任中国科大名誉校长。
- 1984年11月20日，陪同中央领导胡启立到中国科大视察，出席合肥国家同步辐射实验室奠基典礼。并为国家同步辐射实验室题词："中国科学技术大学合肥国家同步辐射实验室奠基""预祝同步辐射加速器按时按质按量建成！"
- 1984年11月23日，主持中国科大校务会议，审定系主任人选等。
- 1984年11月24日，主持审定中国科大西校区建设方案。
- 1985年4月9日，被国务院任命为中国科大名誉校长。
- 1985年7月19日，任中国科学技术大学研究生院名誉院长。
- 1985年9月10日，出席中国科学技术大学研究生院庆祝第一届教师节大会并讲话。
- 1986年9月19—22日，出席中国科大校庆28周年暨1986年开学典礼，为西校区奠基揭幕，为第三世界科学院院长、诺贝尔物理学奖获得者萨拉姆授予中国科大名誉博士学位证书，召开教师代表座谈会等。
- 1986年9月，为中国科大题词："育天下科技英才，树世界大学红旗。"
- 1988年3月，为中国科大少年班题词："十载少年喜成长，百科高峰待攀登。"
- 1988年3月25日至4月14日，出席第七届全国人民代表大会第一次会议，当选为第七届全国人大常委会副委员长。
- 1988年5月4日，为郭沫若铜像题词："在建校三十周年之际，敬立郭沫若像，缅怀以郭沫若校长为首创建的中国科学技术大学之业绩，'郭沫若像'四字系邓小平同志于一九八七年十一月二十八日亲笔题写。"
- 1988年5月，为中国科大建校30周年题词："创寰宇学府，育天下英才。"
- 1988年5月，法国总统密特朗签发证书授予严济慈法国荣誉军团军官级勋章。
- 1988年7月7日，被国务院任命为中国科大名誉校长，李鹏总理签署名誉校长任命书。

- 1988年9月10日，出席中国科学技术大学研究生院教师节庆祝大会。
- 1988年9月16—22日，到中国科大和中国科学院合肥分院检查指导工作。
- 1988年9月19日，出席中国科大校友总会成立大会，任第一会长。
- 1988年9月20日，出席中国科大建校30周年庆祝大会并讲话。
- 1989年10月，编著的《电磁学》一书由高等教育出版社出版。
- 1991年12月26日，到中国科大出席国家同步辐射实验室国家验收仪式并讲话。
- 1992年10月5日，为中国科大教师题词："教书育人，师德为先。"
- 1993年9月6日，出席中国科学技术大学研究生院1993级研究生开学典礼暨建院15周年庆祝会。
- 1993年9月20日，出席中国科大建校35周年庆祝大会，并为学校科研与科技开发成果展览揭幕。
- 1994年9月8日，出席中国科学技术大学研究生院1994级研究生开学典礼暨庆祝教师节10周年大会。
- 1996年11月2日，在北京逝世，终年96岁。

（部分内容参考《严济慈文选》）

后　　记

　　中国科大是郭沫若、严济慈等老一辈科学家亲手创办的大学，他们的办学实践奠定了学校的坚实基础，他们的办学思想也渗透进中国科大的精神和文化，深深地影响着学校的持续发展。中国科大档案文博院在开展老科学家生平档案资料征集工作的基础上，启动了"档案里的中国科大先生"丛书的编纂工作，旨在弘扬老一辈科学家精神和教育家精神。2024年3月，该丛书第一册《郭沫若：大爱铸魂》正式出版，本书为丛书第二册。

　　本书主要依托中国科大档案文博院馆藏资源，汇编了中国科大第二任校长严济慈先生与学校有关的照片、讲话、书信、题词、手稿等珍贵档案资料。书中选取的原始档案客观记载了严济慈的办学实践与思想，也直接展示了严济慈对学校和师生的支持与关怀，对于学校开展教学、科研和管理工作具有一定的借鉴意义。发挥自身档案资源优势，推出更多校园文化产品，讲好科大故事、传承科大文化、弘扬科大精神，是档案文博院一直以来和未来需要坚持的工作方向。

　　因为本书的编纂对象是原始档案，所以编者在工作过程中，对原始档案未进行大范围修订，基本保持了档案原貌，诸如将"中国科学技术大学"称为"科大""中科大""科技大学"等这样的口语都进行了保留，没有进行规范化表述。

　　本书的出版，得到了学校领导和中国科学技术大学出版社的大力支持，在此一并表示感谢。此外，由于编者水平有限，在资源搜集、分类、考据上可能存在疏漏，敬请广大读者批评指正。

编者